SUR UN PROJET

DE

CAISSE DE PRÉVOYANCE

ET DE

CAISSE DE SECOURS

POUR

LES PHARMACIENS DE FRANCE

Imaginé par M. DORVAULT, Directeur de la Maison de Droguerie
dite *Pharmacie centrale,*

PAR

M. H. DE CASTELNAU

Rédacteur en chef du *Moniteur des Hôpitaux, Revue médico-pharmaceutique
de Paris.*

OPUSCULE DÉDIÉ AUX PHARMACIENS INTELLIGENTS DE FRANCE

A PARIS

AU BUREAU DU *MONITEUR DES HOPITAUX*
21, Quai de l'Horloge.

1859

SUR UN PROJET

DE

CAISSE DE PRÉVOYANCE

ET DE

CAISSE DE SECOURS

POUR

LES PHARMACIENS DE FRANCE

Imaginé par M. DORVAULT, Directeur de la Maison de Droguerie
dite *Pharmacie centrale,*

PAR

M. H. DE CASTELNAU

Rédacteur en chef du *Moniteur des Hôpitaux, Revue médico-pharmaceutique
de Paris.*

OPUSCULE DÉDIÉ AUX PHARMACIENS INTELLIGENTS DE FRANCE.

A PARIS

AU BUREAU DU *MONITEUR DES HOPITAUX*
21, Quai de l'Horloge.

1859

SUR UN PROJET

DE

CAISSE DE PRÉVOYANCE

ET DE

CAISSE DE SECOURS

POUR LES PHARMACIENS DE FRANCE.

On lit dans l'AUDIENCE, *Bulletin des Tribunaux*, du mercredi 17 avril 1858 :

« M. Dorvault, pharmacien, directeur de la *Pharmacie centrale* et de la *Caisse de retraite des pharmaciens*, citait devant le Tribunal correctionnel, sixième Chambre, présidée par M. Berthelin, M. Henri de Castelnau, propriétaire et rédacteur en chef du *Moniteur des Hôpitaux*, comme s'étant rendu à son égard coupable du délit de diffamation.

» M. Dorvault faisait ressortir ce délit de trois articles publiés par ce journal sous les dates du 12 décembre, 12 janvier et 9 février, et demandait qu'il fût condamné, sous forme de réparations civiles, à lui payer une somme de 10,000 fr. ; plus, à l'insertion du jugement à intervenir dans trois journaux de Paris et dans dix journaux des départements.

» Me Louis Nouguier a soutenu la plainte. M. l'avocat impérial Ducreux a conclu à une condamnation très modérée et seulement sur l'un des chefs d'accusation. Mais le Tribunal, interrompant, à notre grand regret, Mᵉ Desmarets dès les premiers mots de la défense, a déclaré que la plainte en diffamation n'était pas justifiée ; en conséquence, il en a renvoyé le prévenu et condamné la partie civile aux dépens. »

On lit dans le numéro du vendredi 9 juillet 1858 de l'AUDIENCE, *Bulletin des Tribunaux* :

« DÉLIT DE PRESSE. — Dans notre numéro du 7 avril dernier, nous avons annoncé que M. Dorvault, directeur de la maison de droguerie dite *Pharmacie centrale*, avait cité devant la sixième Chambre M. de Castelnau, rédacteur en chef du *Moniteur des Hôpitaux*, comme s'étant rendu coupable à son égard du délit de diffamation, et que le Tribunal avait renvoyé M. de Castelnau des fins de la plainte et condamné la partie civile aux dépens.

» M. Dorvault a fait appel de ce jugement, et l'affaire est venue hier, mercredi, à la Chambre des appels correctionnels, présidée par M. Monsarrat. Le fauteuil du ministère public était occupé par M. l'avocat général Barbier ; la plainte, comme au Tribunal de première instance, était soutenue par Mᵉ Louis Nouguier, et la défense était représentée par Mᵉ Desmarets. Après la plaidoirie de Mᵉ Nouguier, la Cour, ainsi que cela avait eu lieu déjà en première instance, interrompant Mᵉ Desmarets, a demandé à M. l'avocat-général s'il avait des observations à présenter ; sur la réponse négative de M. l'avocat-général, la Cour a rendu l'arrêt suivant :

« La Cour,
» Adoptant les motifs des premiers juges, met l'appel à
» néant, renvoie le prévenu des fins de la plainte, condamne
» Dorvault aux frais de première instance et d'appel. »

On voit par ces deux citations que si M. Dorvault aime à former des projets, il n'aime guère à ce qu'on les discute ; qu'il est fort disposé à considérer comme une atteinte à son honneur la critique la plus modérée et la plus légitime des plans qu'il a rêvés ; et qu'il a un grand penchant à porter devant le Tribunal de police correctionnelle des questions qu'il devrait se borner à soumettre aux lumières de ses confrères et même de ses contradicteurs.

D'où peut venir chez M. Dorvault cet excès de sensibilité ? Serait-ce disposition maladive, ou défaut de confiance dans la solidité de ses combinaisons ?

En contemplant l'excellente constitution physique de M. Dorvault, on doit considérer la seconde alternative comme la plus probable à beaucoup près.

Or, si l'auteur lui-même manque de confiance dans ses projets, c'est donc que la justesse des raisons sur lesquelles il se fonde n'est pas absolument évidente ;

Et si ses raisons ne sont pas bonnes, il est donc utile d'en faire la critique, et même de placer cette critique en permanence sous les yeux de ceux que les projets de M. Dorvault intéressent.

Voilà par quelle série de déductions nous avons été amené à réimprimer les articles que nous avons publiés sur le projet de caisse de retraite et de secours ; à les réunir dans un même opuscule, et à faire hommage de cet opuscule aux pharmaciens de France.

Pas à *tous* les pharmaciens cependant :

Quoique je me fusse d'abord obstinément refusé à le croire, il paraît qu'il y a parmi les pharmaciens de France des esprits ayant assez de droits au royaume des cieux pour ne pas savoir administrer leurs économies, pour être incapables de distinguer un placement hasardé d'un placement sûr, et une bonne raison d'une mauvaise.

Naturellement, nous n'avons pas eu la prétention de transformer les esprits de cette catégorie, et ce n'est pas pour eux que nous avons voulu écrire. Si donc cet opuscule tombe par hasard entre leurs mains, ils peuvent s'épargner la peine de le lire ; leur temps sera mieux employé à monder du chiendent ou à piler des amandes.

Pour lire avec quelque fruit les articles que nous allons reproduire, il faut au moins :

1° Connaître les quatre règles de l'arithmétique et savoir en faire une saine application ;

2° N'être pas absolument étranger aux éléments de la logique, et notamment avoir quelque teinture de ce que c'est qu'un syllogisme.

Nous reproduirons ces articles dans l'ordre où ils ont paru dans le *Moniteur des Hôpitaux*, et nous les ferons suivre de quelques remarques sur les meilleurs moyens d'organiser des caisses de secours pour les pharmaciens.

1er ARTICLE.

(Publié dans le *Moniteur des Hôpitaux* du 12 décembre 1857.)

Quand nous avons associé à notre rédaction nos honorables collaborateurs pour la *Revue pharmaceutique*, nous n'avons pas eu seulement l'intention de nous occuper des questions qui se résolvent dans le laboratoire ; nous avons pris aussi avec nous-même l'engagement d'étudier avec tout le soin, toute l'extension qu'ils méritent, les légitimes intérêts matériels et professionnels du corps pharmaceutique.

Nous devons donc nous occuper avec quelques détails d'un projet *de caisse générale de prévoyance et de retraite des pharmaciens de France* que vient de former un honorable pharmacien de Paris, M. Dorvault, projet qui, d'après les statuts et l'exposé des motifs que nous avons sous les yeux, aurait déjà reçu un commencement d'exécution. L'examen de ce projet servira d'ailleurs d'introduction naturelle à d'autres projets moins bien arrêtés et par conséquent d'un examen plus difficile, qui agitent en ce moment quelques membres du corps médical.

Faisons remarquer d'abord que M. Dorvault n'a pas exposé son projet avec toute la méthode, toute la clarté qu'on devait espérer de sa qualité d'écrivain déjà expérimenté ; nous serons donc obligé de classer les diverses parties du travail de M. Dorvault et d'examiner successivement les *motifs*, les *bases* et les *avantages* présumés du projet conçu par l'honorable gérant de la *Pharmacie centrale de France*.

A. — Les motifs fort louables que M. Dorvault donne à son projet sont : les souffrances de la pharmacie; son

abaissement, c'est-à-dire la diminution de sa considération; enfin, l'inaptitude des pharmaciens à connaître
lés placements avantageux : « Esclave de son officine,
» dit M. Dorvault, ne faisant que des affaires limitées,
» ne réalisant que de petits bénéfices, le pharmacien
» n'a ni *l'occasion de connaître les moyens de place-*
» *ments avantageux*, ni la possibilité d'en faire. *De là,*
» le plus souvent, la précarité de sa position et les
» maux qui s'ensuivent. » (Exposé des motifs, p. 2.)

Pour commencer par le dernier de ces trois motifs,
il nous semble que M. Dorvault ne se fait pas une idée
suffisamment avantageuse de ses confrères en les supposant incapables de distinguer les bons d'avec les
mauvais placements. Nous croyons que le pharmacien
n'est pas inférieur, sous ce rapport, à la généralité des
hommes, et nous savons fort bien que l'immense majorité de ceux-ci comprend très bien ses intérêts à l'en-
droit du placement de ses capitaux ; nous sommes même
fort disposé à admettre que l'intelligence du pharmacien, sous ce rapport comme sous beaucoup d'autres,
dépasse notablement le niveau de l'intelligence com-
mune.

Nous croyons donc que le pharmacien n'a nullement
besoin de tutelle ni même d'intermédiaire pour la gé-
rance de ses économies, et que ce premier motif de
l'honorable gérant de la *Pharmacie centrale* manque de
fondement.

Nous ne voulons pas assurément nier les souffrances
de la pharmacie, quoiqu'il ne nous soit pas absolument
démontré que ces souffrances soient plus grandes que
celles qui affligent toutes les autres professions, la profession médicale en particulier ; mais il suffit que ces
souffrances existent pour que nous applaudissions aux
tentatives qui seront faites pour les adoucir ; seulement,
approuver les tentatives, ce n'est pas toujours approu-

ver les moyens adoptés, et il nous faudra voir jusqu'à
quel point ceux qu'on nous propose sont bons.

Quant à l'abaissement moral de la pharmacie, « qui
a perdu, » suivant un des auteurs du projet que nous
examinons, « une grande partie de sa considération
passée, » c'est là un lieu commun très vieux, que beaucoup d'écrivains de hasard répètent sans trop savoir
pourquoi, et que nous avons vu, avec regret, M. Dorvault prendre en considération; la vérité est que la
pharmacie, loin d'être aujourd'hui abaissée ou moins
considérée qu'autrefois, est élevée, au contraire, autant
dans la hiérarchie intellectuelle que dans l'estime publique, et qu'elle est en voie de s'élever encore. La
pharmacie ne donne plus de clystères depuis longtemps;
elle fournit aujourd'hui des candidats à toutes les fonctions civiques; elle a des représentants dans toutes nos
sociétés savantes, depuis la modeste société d'arrondissement jusqu'à l'Académie des sciences; c'est donc
contre toute évidence que les réformateurs crient à
l'abaissement de la pharmacie. Au reste, nous répéte-
rons pour ce motif ce que nous avons dit pour le pré-
cédent : le fait argué fût-il aussi vrai qu'il est faux, que
cela ne préjugerait en rien la valeur des moyens pro-
posés pour y porter remède.

B. — « La fortune pharmaceutique doit circuler et
» s'accroître dans le cercle de la pharmacie, » tel est
l'aphorisme et en quelque sorte l'acte de foi sur lequel
repose toute la religion ou toute la doctrine financière
de M. Dorvault; car cette proposition se trouve reproduite par tous les écrivains qui se sont inspirés de la
lettre et de l'esprit de la proposition formulée d'abord
par l'honorable chef de la *Pharmacie centrale*.

Non plus que la plupart des aphorismes, celui-ci ne

brille point par la clarté ni la précision, et il faudrait sans doute commencer par en faire l'interprétation avant d'en faire, dans son ensemble, l'examen critique ; ce n'est pas là ce que nous devons nous proposer aujourd'hui. En nous en tenant à l'objet spécial que nous étudions, nous devons croire que cet aphorisme a la signification suivante : c'est que tous les revenus que les pharmaciens peuvent se faire par leurs économies ou autrement, doivent leur venir exclusivement de la pharmacie, de même que tous les secours qu'ils doivent espérer en cas d'infortune.

Si le projet de l'honorable M. Dorvault n'avait pas d'autres défauts que celui de se fonder sur un faux principe économique, nous devrions examiner à fond ce principe lui-même, et montrer ce que ne conteste aujourd'hui aucun économiste sérieux, que tout système de garantie mutuelle est d'autant plus solide et plus fructueux, qu'il repose sur des bases plus larges. Aussi, le système le plus avantageux serait-il celui qui serait fondé sur la mutualité de tous les citoyens sans exception. L'aphorisme qui sert de devise au projet de la *Caisse de prévoyance* est donc le contre-pied des véritables principes économiques, envisagés à leur point de vue le plus élevé. Il suffit à notre but d'énoncer purement et simplement ce fait.

C'est qu'en effet, la seconde base du projet est bien plus défectueuse encore, et elle l'est surtout d'une manière plus évidente, pour les hommes qui ne sont que peu versés dans l'étude des sciences économiques.

« La Caisse de prévoyance, » dit M. Dorvault, « sera » le complément de la *Pharmacie centrale*. Leur soli- » darité assurera leur avenir. »

Ceci est une erreur plus grave que la précédente : on comprend très bien que la Caisse de prévoyance, caisse de dépôt, où les fonds sont ou doivent être toujours disponibles, puisse, sinon assurer, du moins contribuer à assurer l'avenir de la *Pharmacie centrale*, puisque la *Pharmacie centrale* se réserve le droit d'y puiser pour ses besoins. Il est évident que, dans un moment de crise, la Caisse de prévoyance pourrait sauver d'un naufrage la caisse de la *Pharmacie centrale*. Mais on ne comprend pas du tout comment la *Pharmacie centrale* pourrait assurer l'avenir de la Caisse de prévoyance ; on conçoit, au contraire, qu'elle pourrait seulement le compromettre : en effet, si la Caisse de prévoyance a beaucoup de fonds, elle marche parfaitement toute seule, puisque le propre d'une Caisse de prévoyance est de ne s'exposer à aucun risque commercial ; il n'y a que la banqueroute publique qui pourrait la compromettre, et la banqueroute publique compromet tout, et plus encore une entreprise commerciale qu'une caisse de prévoyance. Mais si, précisément, comme c'est le projet de M. Dorvault, une entreprise commerciale vient à emprunter des fonds à la Caisse de prévoyance, ce n'est plus une caisse de prévoyance qu'on a, mais bien une sorte de comptoir d'escompte, une banque de commerce, exposée à toutes les vicissitudes de ces sortes de banques. Que dans un moment, par exemple, où la *Pharmacie centrale* aura emprunté 500,000 fr. à la Caisse de prévoyance, il arrive une crise, un événement quelconque qui réduise à la moitié ou aux trois quarts de leur valeur les marchandises de la *Pharmacie centrale ;* voilà le capital des déposants réduit à la moitié ou au quart. En sorte que ces déposants ne sont, en définitive, autre chose que des actionnaires de la *Pharmacie centrale*, actionnaires un peu privilégiés, il est vrai, puisque les emprunts qu'on pourra leur faire seront remboursés avant le capital social, mais pas plus privilégiés pourtant que les autres créanciers de la maison de commerce avec lesquels la Caisse de prévoyance devrait partager l'actif, si la *Pharmacie centrale* venait à éprouver des revers.

En résumé, ne jamais édifier ou « greffer, » suivant l'expression de l'honorable M. Dorvault, une caisse de retraite sur une entreprise commerciale, telle est la règle élémentaire en économie sociale ; en la méconnaissant, on peut compromettre l'avenir de la caisse, mais on ne peut jamais l'assurer.

Voilà pour la base économique.

Quant à la base financière, M. Dorvault se propose de former le capital de la Caisse de prévoyance avec :

1° Une somme de 20 fr. une fois donnée ;

2° Une cotisation annuelle de 20 fr., prise, pour moitié au moins, sur les escomptes et surescomptes faits à ses clients par la *Pharmacie centrale ;*

Et, *éventuellement :*

3° Les escomptes et surescomptes qui dépasseraient 20 fr. et que les clients voudraient bien laisser à la caisse ;

4° Les « sommes insignifiantes que le pharmacien, » *entre temps*, possède chez lui, les *bribes* de 25, 50, » 100, 200 fr., avec lesquelles il ne peut faire aucune » acquisition, aucun placement *sérieux.* »

Examinons chacune de ces sources d'alimentation de la Caisse de retraite.

Et d'abord, commençons par rappeler qu'en économie financière, les calculs ne doivent reposer que sur les données non éventuelles ; c'est donc avec les 20 fr. d'entrée et les 20 fr. de cotisation annuelle que sera formé, en réalité, le capital de chaque déposant de la Caisse de prévoyance. C'est avec ce capital que, *au bout de* DIX ANS, c'est-à-dire avec *deux cent vingt francs*, plus les intérêts des cotisations successives de 20 fr. par an, l'honorable directeur de la *Pharmacie centrale* veut assurer une retraite à ses clients ! Le projet n'est vraiment pas digne d'un homme aussi sérieux que lui, et pour qui ne connnaîtra pas comme nous sa loyale franchise, ce projet aura tout l'air d'un emprunt déguisé ou d'une amorce pour attirer à la *Pharmacie centrale* ces pharmaciens peu calculateurs dont il parle, et qui « *n'ont pas les moyens de connaître* » *les placements avantageux,* » pharmaciens beaucoup plus rares, d'ailleurs, à notre avis, que ne le pense M. Dorvault.

En supposant que ce capital assuré fût doublé, triplé, *décuplé* même par le capital éventuel, il ne formerait encore qu'un chiffre dérisoire comme fonds de retraite. Or, nous ne croyons pas que cette supposition se réalise jamais. Ces sommes de 50, 100 ou 200 fr., dont M. Dorvault pense que les pharmaciens ne trouveront pas le placement, sont au contraire très faciles à placer, et d'une manière bien plus avantageuse qu'à la Caisse de prévoyance ; il s'agit tout simplement de les placer à la Caisse d'épargne, qui est leur refuge naturel. En effet, tant qu'on n'a que 100 ou 200 fr. d'économie, on se trouve nécessairement dans une position à avoir besoin de cette somme dans un moment donné ; dans une telle situation, on ne peut placer ces 100 ou 200 fr. qu'à la condition de pouvoir les reprendre à tout instant, faculté que ne donne point la Caisse de prévoyance, et que donne au contraire la Caisse d'épargne. Et quand les sommes sont plus considérables, nous croyons qu'on peut les placer plus avantageusement que dans la combinaison proposée par M. Dorvault. C'est ce que nous allons maintenant démontrer.

C.—Quels seront, en effet, les avantages de la Caisse de prévoyance, ou, en d'autres termes plus positifs,

quel intérêt rapportera le capital qu'on y déposera?
M. Dorvault ne s'explique pas clairement sur ce point,
le plus important de tous cependant, après celui relatif
à la garantie du capital, garantie que nous savons être
insuffisante; voici tout ce que dit sur ce sujet l'honorable fondateur de la *Pharmacie centrale :*

« *On n'a pu déterminer d'avance le taux de l'in-*
» *térêt* qui sera payé par la Pharmacie centrale, la si-
» tuation financière actuelle de notre pays faisant voir
» que de très grands écarts peuvent se produire ; mais
» dans le but de *favoriser* la Caisse de retraite, l'inté-
» rêt sera toujours supérieur au taux sur les valeurs de
» l'Etat. »

Le vague d'une telle rédaction n'est point compatible
avec les exigences d'un placement de retraite, et tout
homme, pharmacien ou non, qui prendra l'engagement
de verser pendant un temps déterminé une certaine
somme, voudra savoir et doit savoir sur quoi il peut
compter (au moins au minimum) quand le moment du
repos sera arrivé ; c'est là la première condition qu'il
fera toujours. Mais, tout en s'engageant très peu, la
Pharmacie centrale s'engage pourtant trop.

En effet, si, à un moment donné, les valeurs de
l'Etat tombaient, *comme cela s'est vu,* à la moitié de
leur valeur au pair, c'est-à-dire à donner 10 0/0 de
rente du capital réalisable, voilà donc la Pharmacie
centrale obligée de payer plus de 10 0/0 d'intérêt à la
Caisse de prévoyance pour l'emprunt qu'elle lui aurait
fait ; et cela, dans un moment évidemment critique, où
les affaires seraient naturellement peu brillantes. Quelle
situation périlleuse pour la Pharmacie centrale ou pour
la Caisse, sinon pour toutes les deux ! Comment l'éven-
tualité d'une telle situation n'effraierait-elle pas les déposants, quand ils ont à côté d'eux une Caisse d'épargne,
une Caisse de retraite de la vieillesse surtout, qui leur

offrent à peu près les mêmes avantages, comme intérêt, que la future Caisse de prévoyance, et qui leur offrent, de plus, cet inappréciable avantage : la surveillance et la GARANTIE de l'Etat !

Nous croyons donc, en résumé, que l'honorable directeur de la Pharmacie centrale a mal appliqué une bonne pensée qu'il a eue, en faisant d'une caisse de retraite une véritable banque d'une entreprise commerciale. Au reste, il semble avoir lui-même compris cette vérité, car dans un passage de son exposé des motifs, après avoir fait appel aux *sentiments intéressés*, il invoque dans ces termes, peut-être trop pathétiques, le *dévouement* de ses confrères :

« La profession est une seconde religion, une seconde
» patrie. Un pharmacien qui ferait fi de sa profession
» ou qui n'y verrait qu'un métier à exploiter en égoïste,
» qui traiterait de niaiserie le *professionalisme*, est in-
» digne d'elle, comme un Français qui n'aime la France
» qu'autant qu'elle lui rapporte, et qui, riche ou pauvre,
» ne ferait aucun sacrifice dans l'intérêt de son bien-
» être ou de sa gloire, est un mauvais Français, un
» homme bien près de la vendre, en un mot, un re-
» négat ! »

M. Dorvault a raison de faire appel à la charité du corps pharmaceutique ; car la seule chose que les déposants puissent fonder en envoyant leurs fonds à la Caisse de prévoyance, c'est une bonne œuvre, c'est-à-dire une *Caisse de secours:* reste à savoir si cette bonne œuvre est conçue sur les meilleures bases possibles ; c'est ce que nous examinerons dans un prochain article.

2ᵉ ARTICLE.

(Publié dans le *Moniteur des Hôpitaux* du 12 janvier 1858.)

Dans notre premier article, nous avons montré combien était fausse la base économique et financière du projet de M. Dorvault sur la *Caisse de prévoyance;* il nous resterait donc aujourd'hui à nous occuper exclusivement du projet de la *Caisse de secours.*

Mais notre premier article ayant eu la bonne fortune de ne point passer inaperçu, a excité quelques crit - ques, directes ou indirectes, publiques ou particulières, quelques insinuations même, et aussi, par compensation, des approbations et des éloges auxquels on nous permettra de consacrer quelques lignes.

Pour nous débarrasser du point le plus délicat, un mot d'abord sur les insinuations, sur celles du moins qui seules pourraient avoir quelque importance , en raison de la source dont elles émanent, c'est-à-dire sur celles dont M. Dorvault s'est rendu lui-même l'organe (1).

Nous n'avons eu que peu de rapports avec M. Dorvault, mais ces rapports ont été excellents; nous n'a-

(1) M. Dorvault feint de ne pas comprendre cette allusion, et, en public, il assure qu'il ne s'est jamais occupé de nos critiques. Il nous suffira de lui rappeler ce qu'il a dit dans le magasin d'un libraire du quartier de l'École-de-Médecine, pour le convaincre que c'est en connaissance de cause et pour des motifs sérieux que nous avons fait cette allusion. Nous engageons M. Dorvault à ne pas nous obliger à la traduire d'une manière plus explicite.

vons jamais eu aucune raison de suspecter sa bonne foi et la réalité des convictions qu'il professe dans ses écrits ; nous avons donc admis l'une et l'autre, quand nous avons entrepris la réfutation de doctrines et de projets nuisibles aux intérêts qu'il se propose de servir. Nous avons quelque droit, en conséquence, à ce que M. Dorvault veuille bien user de réciprocité, et ne point attribuer notre opposition à d'autres mobiles qu'au désir d'être utile à ses confrères. Ce terrain est le seul où l'on puisse se combattre et se respecter à la fois, et nous ne croyons pas que M. Dorvault puisse trouver aucun avantage à en changer. Nous lui donnerons donc le conseil de s'y tenir. C'est tout ce que nous dirons sur ce chapitre.

Quant aux critiques, aucune ne s'est produite directement au grand jour ; à peine pourrait-on considérer comme une critique indirecte l'approbation du projet de M. Dorvault, insérée par notre excellent ami, M. Chevallier, dans le dernier numéro de son journal. Comme nous ne cherchons jamais à dissimuler les moyens de défense de nos contradicteurs, nous reproduisons ici, *suivant notre invariable habitude*, la note de M. Chevallier :

« La Pharmacie centrale des pharmaciens, depuis plusieurs années, proposait la création d'une caisse générale de prévoyance professionnelle. De l'état de simple projet, elle vient de faire passer la question à l'état d'exécution. Tous nos confrères, en effet, ont reçu les statuts de la nouvelle institution qui se fonde et qui les convient à y participer.

» Nous n'avons rien à ajouter aux considérations développées par M. Dorvault dans l'exorde des statuts, attendu qu'à part quelques points de détail, ils disent tout ce que nous pourrions dire sur les avantages que la pharmacie en général doit en retirer. Nous n'avons qu'à y donner notre approbation et à engager nos confrères à ne pas laisser manquer l'occasion qui leur est offerte de former enfin une société compacte, qui depuis si longtemps est l'objet de leurs désirs.

» Jamais la pharmacie n'a été mise à même de réunir ainsi ses intérêts d'une manière aussi heureuse, aussi générale ; jamais elle n'a eu à sa disposition un moyen aussi sérieux d'améliorations de toute nature. A notre avis, celui qui y resterait indifférent ne serait plus admis à récriminer sur le manque d'union et sur le délaissement de la pharmacie, car au moment d'agir, il aurait fait défaut. (*Journ. de Chim. méd.;* janvier 1858). »

Personne n'est, assurément, plus disposé que nous à prendre en considération l'autorité de M. Chevallier ; mais il y a pourtant quelque chose que nous mettons au-dessus de toute autorité, au-dessus, par conséquent, de celle de notre savant ami, ce sont les raisons et les faits ; or, de faits, M. Chevaliier n'en produit aucun ; et de raisons, il n'en donne point, ou, qui mieux est, il avoue qu'il n'en a point à donner, si ce n'est celles qu'a déjà données M. Dorvault, lesquelles, ainsi que nous l'avons prouvé précédemment, sont loin d'être péremptoires.

Par cela même que nous faisons une faible part à l'autorité, nous croyons inutile d'opposer à celle de M. Chevallier celles, non moins importantes, sans doute, des professeurs Soubeiran et Caventou. Ce dernier nous disait, pendant l'avant-dernière séance de l'Académie de médecine « qu'on ne saurait voir un pro-
» jet de caisse de retraite plus mal conçu que celui de
» M. Dorvault, et il nous félicitait chaleureusement
» d'avoir prémuni les *pharmaciens peu familiers avec*
» *les questions économiques*, contre les déceptions qui
» les attendaient presque inévitablement, s'ils se lais-
» saient séduire par ce projet ; quant aux pharmaciens
» qui possèdent les moindres notions administratives

» et financières, ajoutait-il, il n'y a pas de danger qu'ils
» se laissent entraîner ; car, pour eux, les prétendus
» avantages qu'on leur offre sont évidemment illusoires
» et ne supportent pas le moindre examen. »

S'il s'agissait d'une lutte d'autorités, il serait au
moins permis d'hésiter, quand on trouve MM. Caventou et Soubeiran d'une part, et M. Chevallier de l'autre ;
mais, nous le répétons, le temps des argumentations à
coup d'autorités est passé, et notre seul but, en invo-
quant celles des deux éminents professeurs, a été de
montrer que le certificat d'approbation donné par
M. Chevallier n'était signé ni de la totalité, ni même de
la majorité de ses collègues. Nous pouvons donc reve-
nir sans crainte aux critiques qui nous ont été adressées personnellement et aux *raisons* qu'on nous oppose,
ce qui ne sera pas long, nos contradicteurs ne roulant
pas sur cette monnaie.

Il est une première raison que nous aurions passée
sous silence, si elle ne s'était reproduite dans toutes
les lettres qui nous ont été adressées : nos correspondants opposants nous demandent à quel propos, l'un
d'eux a même écrit *de quel droit*, nous traitions, dans
un journal de médecine, une question d'intérêts professionnels pharmaceutiques ? En tout état de cause, la
question pourrait paraître plaisante, à moins qu'il n'y
ait réellement parmi les pharmaciens quelque esprit
bizarre qui pense que les arguments n'ont aucune valeur par eux-mêmes, mais seulement par le titre
du carré de papier sur lequel ils sont imprimés. Au
reste, s'il existe de tels esprits, qu'ils se rassurent en
apprenant que le *Moniteur des Hôpitaux* publie, chaque semaine, une *Revue pharmaceutique* complète,
qui a l'honneur de compter parmi ses abonnés un
grand nombre de pharmaciens, et que son devoir, par

conséquent, autant que son droit, est de discuter et d'éclairer, s'il lui est possible, toutes les questions qui touchent aux intérêts du corps pharmaceutique. Si cette confidence peut être agréable à notre correspondant, nous pouvons même lui avouer que c'est à l'instigation des membres les plus éminents du corps pharmaceutique que nous avons étudié et traité la question dont nous nous occupons en ce moment.

Une autre *raison* (nous dirions volontiers la seule *raison*) que nous trouvons dans presque toutes nos correspondances, c'est cette déclamation banale sur l'*abaissement* de la pharmacie, sans que nos correspondants s'inquiètent d'ailleurs, soit d'expliquer ce qu'il faut entendre par ces mots, soit de prouver que leurs déclamations reposent sur un motif quelconque. Nous nous trompons, un seul a cherché à définir la nature et la cause de l'abaissement de la pharmacie, et la définition est assez curieuse pour que nous la fassions connaître, d'autant plus que l'auteur est un adorateur zélé de la *Pharmacie centrale*, et qu'il paraît en connaître parfaitement tous les détours. Voici donc l'opinion textuelle de notre correspondant :

« *Oui, notre profession a subi un abaissement* » MORAL , A PARTIR DE L'INSTANT OU DES GARANTIES D'IN- » STRUCTION PLUS SÉRIEUSES QU'AUTREFOIS ONT ÉTÉ EXIGÉES » pour son exercice, et que le gouvernement, d'un au- » tre côté, lui a *serré les freins* de manière à l'arrêter » dans sa marche, tandis qu'il laissait, avec une coupa- » ble faiblesse, tant d'autres professions voisines en- » vahir son domaine. »

Vous refuserez peut-être d'en croire vos yeux, mais la chose est positive : je n'ai pas changé une virgule au texte de notre contradicteur, et il vous faut absolument admettre que c'est parce que le corps pharmaceutique est plus instruit, plus lettré qu'autrefois, qu'il est placé *moralement* plus bas. Si c'est là ce que prétendent les auteurs des mémoires sur le projet de caisse de retraite, vous connaissez maintenant leurs raisons, — qu'ils ont oublié de nous dire, — et vous pouvez juger du reste de leur projet par cet échantillon.

Quant à la *nature* de l'abaissement, elle n'est pas moins bien définie que ses causes, car notre correspondant ajoute aux lignes que nous venons de citer :

« Nulle réclamation à cet égard, depuis le fameux » congrès médical, n'eut d'autre résultat que celui des » grenouilles du bon La Fontaine : ET VOILA SURTOUT CE » QUE NOUS APPELONS UN ABAISSEMENT MORAL. » — L'auteur aurait bien pu ajouter : Et voilà pourquoi aussi votre fille est muette, car la définition de Sganarelle est pour le moins aussi claire que la sienne.

Nous avons déjà dit ce qu'il fallait penser de cette banale accusation, on pourrait dire, si le sujet était moins sérieux, de cette véritable *rengaine* sur l'abaissement de la pharmacie; nous n'y reviendrons pas : il nous suffit d'avoir montré, par un exemple, que ceux qui en parlent ne savent même pas se comprendre eux-mêmes.

Mais, puisqu'on parle tant de ce lieu commun, nous ajouterons pourtant que si quelqu'un pouvait pousser la pharmacie dans une voie d'abaissement, ce quel-qu'un serait la *Pharmacie centrale;* non pas, il est vrai, en donnant plus d'instruction aux pharmaciens, mais en les dispensant de toute instruction.

A quoi tend, en effet, la *Pharmacie centrale?* A fournir aux pharmaciens tous les produits chimiques et pharmaceutiques préparés d'avance ; peu s'en faut qu'elle ne leur adresse des juleps tout confectionnés.

C'est-à-dire que le pharmacien, qui doit être un homme de laboratoire, un manipulateur intelligent et instruit, est réduit, d'après ce système, à l'état de simple intermédiaire entre le malade et la *Pharmacie centrale*, à l'état de marchand pur, lâchons le mot, à l'état d'épicier! Que le pharmacien pratique dans toute son extension, pendant dix ans, le système de la *Pharmacie centrale*, et au bout de ce temps il ne saura plus distinguer le sulfate de quinine du sublimé corrosif, et alors il sera sans doute, aux yeux de notre singulier correspondant, aussi *élevé* que possible dans la hiérarchie morale! Quand il en sera là, le pharmacien sera très bien préparé à faire son profit de la note suivante, que nous avons lue avec un profond regret dans le *Bulletin de variations* qui accompagne le projet de caisse de retraite de la *Pharmacie centrale*.

« *Tartrate de magnésie soluble; le kilogr. 8 fr.* » — Ce sel, que la Pharmacie centrale obtient aujourd'hui parfaitement soluble, PEUT REMPLACER AVEC AVANTAGE *le citrate de magnésie* EN RAISON DE SON PRIX MOINDRE et de la plus facile conservation des limonades qu'on en obtient. *La dose est la même.* »

Si c'est par des incitations semblables que notre correspondant veut arriver à l'*élévation morale* de la pharmacie, nous devons regretter que l'abaissement actuel ne soit pas plus complet, et craindre qu'il ne diminue; au reste, notre correspondant doit être informé que les lois ne permettraient pas une élévation comme celle qui découlerait des principes que semble consacrer cette note.

Une troisième raison qui nous a été opposée en faveur du projet de la caisse de retraite, c'est que la réalisation de ce projet posera sur des bases inébranlables la ***Pharmacie centrale***, puisque tout pharmacien qui aura déposé une fois ses escomptes et surescomptes dans la caisse de retraite, ne pourra cesser d'être le client de la ***Pharmacie centrale*** sous peine de perdre les escomptes et surescomptes déjà versés.

Il n'entre pas dans nos intentions ni, nous le croyons, dans notre mission, d'examiner les bases industrielles et commerciales de la ***Pharmacie centrale***, pas plus que celles de toute autre maison de droguerie. Ces questions sont toutes d'intérêt privé, et les intérêts généraux doivent seuls nous préoccuper ici. Nous reconnaissons volontiers que les clients de la ***Pharmacie centrale***, une fois enchaînés à elle par un dépôt qu'ils ne peuvent retirer, se trouveraient ainsi obligés de subir toutes les augmentations de prix qu'il pourrait plaire à la ***Pharmacie centrale*** d'apporter à ses produits; nous reconnaissons volontiers même que, grâce à cette augmentation possible de prix, la ***Pharmacie centrale*** gagnerait davantage, pourrait augmenter son fonds de réserve, et offrir, par conséquent, moins de dangers, ou, si l'on veut, plus de garantie pour la caisse de retraite, dont elle peut manier les fonds. Mais ce n'est pas une question de plus ou moins de danger qui vicie la base de la caisse de retraite; c'est le principe lui-même qui est faux. Qu'une entreprise commerciale soit plus ou moins bien conçue, plus ou moins solide, plus ou moins prospère, c'est toujours une entreprise commerciale, soumise à des chances aléatoires impossibles à prévoir, et qui, dès lors, *ne doit jamais servir de soutien ou de garantie* à une caisse de retraite.

Que la ***Pharmacie centrale*** présente à ses adhérents *sa* caisse de retraite comme une spéculation et un appât, rien de mieux; nous n'aurons rien à lui objecter, l'appât ût-il moins séduisant, vu tout nu, qu'il ne le paraît sous la parure dont on l'a revêtu ; mais comme *caisse de retraite* véritable, nous avions le droit et la mission de démontrer que la base en est radicalement vicieuse, et c'est ce que nous croyons avoir fait sans sortir des limites que nous impose le respect de toute conviction sincère.

Nous voulions en terminer aujourd'hui avec la *caisse de secours* ; mais le temps nous gagne et l'espace s'étend. Nous sommes donc obligé de renvoyer à un troisième et dernier article ce que nous avons à dire sur cette seconde caisse, appendice de la première.

3ᵉ ARTICLE.

(Publié dans le *Moniteur des Hôpitaux* du 9 février 1858.)

Nous avons, malgré nous, consacré un deuxième article à l'examen du projet du directeur de la *Pharmacie centrale* sur la *caisse de retraites* ; nous allons aborder enfin le projet de *caisse de secours*. Il nous faut pourtant payer auparavant un tribut au droit de défense, droit si sacré à nos yeux, mais qu'il est si facile de faire dégénérer en abus. Parmi nos correspondants (1), il en est un qui s'est plaint avec quelque vivacité de ce que nous lui avons emprunté deux phrases de sa correspondance au lieu de publier sa correspondance tout

(1) Que les misérables et les idiots qui nous ont fait parvenir des injures anonymes ne se fassent pas l'honneur de se comprendre parmi ceux que nous appelons nos *correspondants*. Ils doivent bien se rendre cette justice que le plus profond mépris est le seul sentiment qu'on puisse avoir pour eux, et c'est bien celui qu'ils nous inspirent.

entière, et qui paraît désirer ardemment que nous lui donnions l'occasion de prendre sa revanche en publiant une nouvelle lettre qu'il nous a adressée. Qu'il soit donc satisfait. En faveur des principes d'impartialité que nous pratiquons ici sur une si vaste échelle, nos lecteurs voudront bien nous pardonner notre condescendance.

« A Monsieur le Rédacteur en chef du *Moniteur des Hôpitaux*.

» J'ai cru devoir protester contre votre premier article inséré *dans le 12 décembre* (1) dernier et répandu à dessein parmi les pharmaciens de province pour ébranler leur confiance dans la double institution de notre honorable confrère, M. Dorvault. Ma lettre vous était personnelle, et je vous avoue que j'ai été très surpris de vous en voir reproduire un fragment isolé, dans votre deuxième article contre la Pharmacie centrale.

» Ce fragment, que vous semblez mettre à l'index comme un paradoxe monstrueux, n'en est pas moins une vérité incontestable, que doivent avoir *reconnu* (2) ceux de mes confrères qui ont lu votre feuille du 12 janvier. Seulement j'avoue que, pour mieux exprimer ma pensée, j'aurais dû commencer par le second membre de phrase. Comme vous annoncez que vous ne cherchez jamais à dissimuler les moyens de défense de vos contradicteurs, je pense, monsieur, que vous rectifierez par ce simple énoncé le sens d'une phrase que vous ne deviez pas, ce me semble, reproduire seule, puisque vous refusiez cet honneur au corps de la lettre.

» Mais permettez-moi d'aborder sans plus tarder le sujet

(1) Nous respectons les sous-entendus de notre correspondant, non moins scrupuleusement que son style.

(2) Nous respectons également l'orthographe de notre correspondant, d'autant plus que sa lettre porte les traces de corrections faites avec beaucoup de soin.

principal de ma réclamation contre votre deuxième article. Vous prétendez avoir montré combien était fausse la base économique et financière du projet de M. Dorvault; vous avez, en effet, beaucoup parlé à cet égard, *mais vous n'avez rien prouvé*. Voilà pourquoi, monsieur, vous avez eu des contradicteurs contre lesquels il ne vous est pas difficile, *en apparence*, d'avoir raison, puisque vous ne reproduisez pas leurs répliques. Je vous l'ai dit, M. Dorvault n'a point à se défendre personnellement des attaques dont il peut être l'objet : il ne sera donc jamais l'organe des réponses faites par ses confrères à ses adversaires qui, seuls, ont eu jusqu'ici recours à des insinuations malheureusement parfois un peu perfides. Telle serait, par exemple, celle qui consiste à présenter les professeurs de l'École comme diamétralement opposés à M. Dorvault, et le *Moniteur des Hôpitaux*, comme chargé par les membres les plus éminents du corps pharmaceutique d'éclairer et de discuter toutes les questions qui s'attachent à ses intérêts.

» Non, cela n'est pas, cela ne peut être ; car, si d'un côté nous voyons M. Caventou nous (1) être hostile, ne voyons-nous pas de l'autre la bonne et franche adhésion de M. Chevallier? A ce dernier se rallie depuis longtemps tout ce qu'il y a de bien et de bon dans notre profession, et chacun de nous connaît son zèle « — (le zèle de qui? de ce qu'il y a de bien ?) — » et son dévouement pour l'amélioration du sort de ses confrères. A quel parti appartient M. Caventou ? Nous ne le savons pas encore, à moins que nous ne l'apprenions en lisant la dernière partie de l'article cité du *Moniteur des Hôpitaux* du 12 courant. Ce journal veut bien avec ses *Flèches médicales*, au sujet de certains professeurs du Jardin-des-Plantes, nous rappeler ce qui se passe au cours de M. Caventou ; tout cela nous fait apprécier la valeur de son opposition.

» Mais passons aux détours de la *Pharmacie centrale*, puisque vous me faites l'honneur de me supposer les con-

(1) Comment! nous? est-ce que par hasard M. Aviat prétendrait faire partie de M. Dorvault?

naître si bien. Celle-ci ne tend point du tout à dispenser les pharmaciens de toute instruction, mais à leur fournir dans de bonnes conditions tous les produits chimiques ou pharmaceutiques qu'ils ne pourront préparer faute de temps et des éléments nécessaires.

» Quelque homme de laboratoire et manipulateur intelligent et instruit que puisse être un pharmacien, il ne pourra jamais préparer son sulfate de quinine et la majeure partie des produits chimiques qui ne se préparent qu'en grand. Le pourrait-il, qu'avant tout il doit ses soins à son officine, surtout lorsqu'il ne peut compter, comme à Paris, sur des élèves instruits et capables de le remplacer (1) ! Or, la plus grande partie des pharmaciens de province ne peuvent même pas se procurer des élèves de quelque minime valeur scientifique qu'ils soient. Le temps manque donc au pharmacien, même pour préparer une certaine quantité de ses produits pharmaceutiques. Est-ce à dire pour cela qu'il doive inévitablement tomber dans ce chaos (2) prévu si pitoyablement par le *Moniteur des Hôpitaux ?*

» Depuis plus de cinquante ans, la droguerie fournit à la grande majorité des pharmaciens les produits chimiques et pharmaceutiques dont ils ont besoin, et aucun d'eux n'est tombé dans cette erreur grossière, à laquelle sont

---

(1) Nous ne comprenons pas le point d'exclamation, mais nous le respectons !

(Note du Rédacteur.)

(2) Chaos ! qu'est-ce à dire ? — Comme compatriote de la Pucelle, sinon comme seigneur de son canton, le grammairien de Vaucouleurs doit avoir des droits superbes, et, parmi ces droits, se trouve sans doute celui de rendre chaos synonyme d'*ignorance* ou d'*abrutissement ;* car je n'ai pas écrit que les pharmaciens, mis au régime de la *Pharmacie centrale,* tomberaient dans le *chaos,* mais bien qu'ils tomberaient à l'état d'épicier ; et un épicier, que je sache, n'a jamais passé pour un chaos. Si M. Aviat veut opérer cette transformation, il le peut probablement ; mais au moins devrait-il prévenir son monde, et nous initier d'abord à son vocabulaire !

(Note du Rédacteur.)

seuls exposés les médecins en général, attendu que bien peu parmi eux ont manipulé. Il n'en est pas de même pour les pharmaciens ; bien peu se sont abstenus de faire des préparations chimiques ; or, il est de toute notoriété que rarement on oublie la théorie sanctionnée par la pratique, surtout lorsqu'on est chaque jour appelé à manier les substances qu'on a préparées soi-même. C'est ce qui a permis à beaucoup d'entre eux de reconnaître que la droguerie n'était pas toujours consciencieuse : que, cédant à l'appât seul du gain dans une foule de circonstances, elle s'inquiétait peu de la qualité réelle du produit, pourvu que celui-ci fût bien *paré*. Que veut donc la Pharmacie centrale ? Toujours fournir à ses clients des produits de choix et qu'ils peuvent soumettre à tel contrôle qu'ils voudront, celui de l'établissement devant toujours être plus sévère encore que le leur...

» Voilà, monsieur, les *détours de la Pharmacie centrale* : si donc, dans son bulletin de variations, elle parle d'un nouveau sel purgatif, d'un succédané de citrate de magnésie, c'est parce qu'en effet le prix élevé de celui-ci a souvent empêché le malade d'y avoir recours. En établissant un prix inférieur pour un médicament à peu près identique dans ses propriétés et dans son action, elle met tout le monde à même de se procurer chez ses clients un remède jusqu'ici réservé pour les privilégiés de la fortune. Enfin, monsieur, la Pharmacie centrale ne se propose d'enchaîner personne : chacun de ses clients est libre, de même que chacun d'eux peut s'associer à cette caisse de prévoyance dont les règlements auraient dû être mieux examinés par vous, avant de vous lancer contre elle dans une critique aussi injuste qu'amère.

» Agréez, etc.

» H. AVIAT,
» pharmacien de première classe.

» Vaucouleurs, 21 janvier 1858. »

Un mot de réplique à cette romantique dissertation, qui semble prouver que M. Dorvault a bien eu quelques raisons quand il a écrit qu'il y avait en France des pharmaciens incapables de distinguer un bon d'un mauvais placement, et même de faire une saine application des quatre règles de l'arithmétique. Il nous plaît de croire, cependant, qu'il a pris l'exception pour la règle.

Ceux qui ne se trouveront pas dans cette exception fâcheuse s'apercevront sans peine que le savant citoyen de Vaucouleurs parle très peu dans sa lettre de la *Caisse de prévoyance*, et beaucoup de la *Pharmacie centrale* et de ses avantages.

Or, nous avons déjà dit très clairement que nous ne voulions pas nous occuper de la *Pharmacie centrale*, qui est une entreprise commerciale particulière , une maison de droguerie comme toutes les maisons de droguerie du monde , n'intéressant par conséquent que M. Dorvault et ses actionnaires. Que cette maison fournisse de meilleurs produits que les autres, c'est ce dont il est permis de douter, malgré l'opinion du pharmacien de Vaucouleurs ; peut-être même pourrait - on prouver le contraire ; mais ce n'est pas là notre but, et loin que nous ayons fait un article *contre* la *Pharmacie centrale*, ainsi que nous en accuse notre perspicace contradicteur, nous n'avons pas même fait un article *sur*, soit *dans le douze décembre*, soit *dans le douze janvier*.

Si ces deux numéros (ou ces deux quantièmes, pour suivre la métaphore de l'écrivain de Vaucouleurs) ont été répandus parmi les pharmaciens de province (et même de Paris), ce n'est pas assurément pour engager le corps pharmaceutique à adopter l'illusoire projet de caisse de prévoyance ; mais ce n'est pas non plus pour prouver que la *Pharmacie centrale* est moins bien organisée et gérée que telle ou telle autre maison de même nature. Ce que nous avons voulu, c'est prouver au corps pharmaceutique qu'on s'occupe sérieusement de ses intérêts dans ce journal. Ce but suffit parfaitement à notre ambition, qui est d'avoir des lecteurs pharmaciens. Que le dialecticien de Vaucouleurs veuille donc enfin le comprendre : il ne nous serait en aucune façon désagréable, tout au contraire, que la *Pharmacie centrale* fît les meilleures affaires du monde, qu'elle donnât à ses actionnaires 50 0/0 au lieu de 8 ; ce qui nous déplairait, c'est qu'elle profitât de la simplicité— (puisqu'il paraît qu'elle est réelle) — de quelques pharmaciens, pour les engager par l'appât d'avantages illusoires, dans une entreprise qui ne peut conduire qu'à des déceptions.

Relativement à l'abaissement prétendu de la pharmacie, l'honorable compatriote de la Pucelle avoue qu'il aurait « mieux exprimé sa pensée en commençant sa phrase par le second membre ; » c'est-à-dire qu'au lieu d'écrire, comme il l'a fait :

« *Oui, notre profession a subi un abaissement* MO-
» RAL, A PARTIR DE L'INSTANT OU DES GARANTIES D'INSTRUC-
» TION PLUS SÉRIEUSES QU'AUTREFOIS ONT ÉTÉ EXIGÉES pour
» son exercice, et que le gouvernement, d'un autre
» côté, lui a serré les freins de manière à l'arrêter dans
» sa marche, tandis qu'il laissait, avec une coupable
» faiblesse, tant d'autres professions voisines envahir
» son domaine ; » — il suppose que son appréciation serait devenue plus vraie s'il avait dit : — « Le gouver-
» nement, d'un autre côté, lui a serré les freins, etc... »
— Cela prouve que notre correspondant novice n'a pas lu le *Bourgeois Gentilhomme*, sans quoi il aurait su que : « Belle marquise, vos beaux yeux me font mourir d'amour, » et : « D'amour mourir me font, belle marquise, vos beaux yeux ; » et : « Mourir, belle marquise, d'amour vos beaux yeux me font, » et toutes les autres variantes qu'un esprit ingénieux pourrait imaginer, sont absolument équivalentes, et que ce qu'il y a de mieux à faire, c'est encore de s'en tenir au texte pri-

mitif : « Belle marquise, vos beaux yeux me font mourir d'amour. » M. Aviat fera donc bien de s'en tenir à sa première rédaction, à moins, ce qui vaudrait mieux, de renoncer à l'opinion qu'elle exprime, car cette opinion n'est pas même un *paradoxe monstrueux*, » c'est une..... chose qui n'a pas encore de nom dans le langage parlementaire.

Notre difficile — et il a bien le droit de l'être — contradicteur se plaît à supposer que nous n'avons rien prouvé contre la base économique et financière du projet de *Caisse de retraite*. Mais d'abord, l'habile économiste de Vaucouleurs est-il bien sûr de savoir ce que c'est qu'une preuve?

Quand on a fait de bonnes humanités, il est bien rare qu'on n'ait pas lu le *Bourgeois Gentilhomme*, et quand on n'a pas lu le *Bourgeois Gentilhomme*, il est bien rare qu'on ait fait de bonnes humanités ; en sorte que si notre savant contradicteur ne sait pas ce que c'est qu'une preuve, il n'y a rien de bien étonnant qu'il n'en ait découvert aucune dans nos articles.

Par exemple, nous avions formulé ce principe, admis comme un axiome par tous les économistes, que le capital d'une caisse de retraite ne doit *jamais* être engagé dans une entreprise commerciale, et même nous avions dit pourquoi, dans la crainte que notre article ne fût lu par les gens trop simples dont a parlé M. Dorvault ; — car, pour les hommes de bon sens, il était inutile de le dire. — Nous ne savions pas, en écrivant notre article, qu'un exemple éclatant allait compléter aussitôt notre preuve. A l'heure qu'il est, toute la France sait qu'un banquier aussi capable que probe, un des premiers financiers de la capitale, que ses hautes qualités avaient porté aux fonctions de régent de la Banque de France, vient d'être entraîné dans une faillite effroyable par suite de la crise américaine. Que serait aujourd'hui une caisse de prévoyance qui aurait eu pour base la maison de banque de M. X...? L'honorable directeur de la *Pharmacie centrale* se croirait-il un financier plus capable qu'un régent de la Banque de France?... Mais à quoi bon cette question, si l'étudiant-logicien de Vaucouleurs ne sait pas encore reconnaître une preuve?

Nous avions également montré qu'un versement de 20 francs par an — (en admettant qu'il ne fût compromis ni par une crise commerciale ni par une gestion inintelligente) — ne produirait tout au plus, au bout de dix ans, qu'un capital de 365 francs, ce qui donnerait comme retraite, à chaque pharmacien déposant,... quoi ?... *Dix-huit francs* 15 cent. de rente par an ! — Nous nous étions permis de dire qu'une pareille retraite serait ridicule... Mais à quoi bon ces supputations, si le débutant-dialecticien de Vaucouleurs n'en est pas encore arrivé à apprendre ce que c'est qu'une preuve?

Nous avions bien dit encore quelques autres choses ; mais à quoi bon les répéter, si..., etc.?

Laissons donc là le projet de caisse de prévoyance et son innocent défenseur de Vaucouleurs ; laissons aussi de côté les malicieuses épigrammes du piquant écrivain de Vaucouleurs sur M. Caventou et ses collègues, et venons au projet de la Caisse de secours. Il n'y en aura pas, d'ailleurs, bien long à dire sur ce sujet : quand on a déraciné le projet de la caisse de prévoyance, qui est le tronc, il n'est guère nécessaire de s'occuper de la caisse de secours, qui n'en est qu'une branche.

Comment et de quoi se formera le capital de cette branche? Les deux premiers articles du projet vont nous l'apprendre :

« Art. 1er. Pour venir en aide d'une manière efficace,

grande et durable, aux déshérités de la profession, une caisse de secours des pharmaciens est, de droit, créée comme annexe à la Caisse de retraite.

» Art. 2. Son capital sera formé au moyen d'une retenue faite sur toutes les retraites fournies par la Caisse de prévoyance.

» Cette retenue sera de 1 à 5 0[0 sur lesdites retraites selon l'avis du conseil de surveillance de la Caisse des retraites.

» Il sera formé, en outre des dons, legs, etc., qui lui seront faits d'une manière spéciale. »

En parlant du capital de la Caisse de prévoyance, nous avons dit qu'on ne devait compter en finances, pour la formation d'un capital, que sur les versements obligatoires; c'est donc le même principe que nous appliquerons au capital de la caisse de secours. En conséquence, nous ne compterons et on ne doit compter que sur les retenues de 1 à 5 0[0 faites sur les retraites. Nous avons vu que ces retraites seraient de 18 fr. 25 c. par an ; en admettant la retenue la plus forte possible, c'est-à-dire 5 0[0, ce serait donc 91 c. que chaque déposant retraité fournirait à la caisse de secours, réduisant ainsi sa grasse retraite à 17 fr. 35 c.?

En admettant encore que les séductions de la Caisse de prévoyance entraînent mille de ces pharmaciens simples dont parle M. Dorvault, et qui ne savent comment placer leurs économies, ce serait 91 centimes multipliés par 1,000, c'est-à-dire 910 fr. que la caisse de retraites fournirait, *à la dixième année de sa fondation*, à la caisse de secours ! Sur ces 910 fr., le projet veut qu'on en retienne 455 pour la fondation de la maison de retraite et de ces petits laboratoires qui ont excité la verve antispleenique du docteur Griffus. — Avouons qu'il y avait bien de quoi (1).

(1) Notre collaborateur du mardi s'était permis sur ce ri-

C'est donc 455 fr. que la *Caisse de prévoyance* aura, *au bout de dix ans*, à distribuer annuellement aux déshérités de la profession , en supposant, bien entendu , que , pendant les dix années, la maison de droguerie , dite *Pharmacie centrale*, ne fasse que de bonnes affaires et ne compromette pas — (comme le régent de la banque de France dont nous avons parlé plus haut) — la Caisse de prévoyance elle-même, capital et intérêts !

Franchement, pour arriver à distribuer annuellement aux *déshérités* de la profession une somme de 455 fr., ce n'était pas la peine de faire tant de bruit et d'inonder la France de prospectus philanthropiques !

La Société de prévoyance des pharmaciens de la Seine, qui n'a pas la prétention de rénover la pharmacie, a, chaque année, plus de *cinq mille* francs de secours à distribuer ; il est vrai qu'elle n'en trouve pas l'occasion ; qu'elle n'a pu en donner que 360 en 1856 , et qu'elle a été obligée de dépenser le reste en bonnes œuvres et encouragements divers.

Cela prouverait , par parenthèse , que la pharmacie n'est pas aussi malheureuse que le suppose le brillant économiste de Vaucouleurs, qui nous accuse assez cavalièrement de n'avoir étudié ni les statuts de la Caisse de prévoyance, ni les besoins et l'abaissement de la pharmacie. — Quand nous en aurons le loisir , nous irons lui demander des leçons.

Il est vrai encore que la *Société de prévoyance* ne place son capital dans aucune maison de commerce, et

dicule projet une de ces charmantes, spirituelles et innocentes plaisanteries qui lui sont familières. M. Dorvault ayant cru devoir comprendre ce charmant article dans sa plainte en diffamation, nous avons cru devoir le reproduire, ne fût-ce que pour prouver que l'irascible directeur de la *Pharmacie centrale* n'aime pas plus l'esprit que la raison.

qu'elle exerce l'assistance ou la charité comme on doit l'exercer, c'est-à-dire sans mélange de spéculation.

Grâce à la *Société de prévoyance*, le projet de prétendue *Caisse de secours* de la *Pharmacie centrale*, fût-il sérieux, serait donc inutile pour Paris.

Nous dirons ultérieurement comment on le rendra inutile pour la province. C'est assez, pour aujourd'hui, d'avoir montré que ce projet ne mérite pas l'attention des hommes qui n'ont plus besoin d'apprendre la logique et qui savent ce que c'est qu'une preuve.

------◆------

Pendant que ces articles se réimprimaient, M. Dorvault a fait distribuer une brochure renfermant une seconde édition, *corrigée*, des projets dont il est question dans les articles qui précèdent. Fidèle à la mission qu'il s'est imposée, le *Moniteur des Hôpitaux* a présenté immédiatement aux pharmaciens des remarques sur ce projet modifié. Nous croyons qu'on les relira avec quelque intérêt :

4ᵉ ARTICLE.

(Publié dans le *Moniteur des Hôpitaux* du 23 décembre 1858.)

Sur la seconde édition du projet de caisse de prévoyance et de secours des pharmaciens de France.

L'année dernière, à peu près à pareille époque, nous avons dû, dans l'intérêt de nos lecteurs pharmaciens, montrer les défectuosités, et, à certains égards, le ridicule du projet de la caisse de prévoyance imaginé par M. Dorvault. Notre discussion eut le malheur de fomenter l'humeur plaidoyante de l'habile directeur de la maison de droguerie décorée du nom de *Pharmacie centrale*. Il nous fallut prouver devant la justice, en première instance d'abord, en Cour d'appel ensuite, l'impartialité et la modération de nos appréciations ; ce qui, fort heureusement, ne fut ni long ni difficile. Mais l'évidence même de notre bon droit ne faisait que prouver plus clairement le peu de plaisir que M. Dorvault éprouve à voir ses projets soumis à une discussion approfondie, et les difficultés qu'il y a de concilier les devoirs de la critique avec le bonheur de l'honorable pharmacien-droguiste.

Ce n'est donc pas sans quelque hésitation que nous abordons aujourd'hui l'examen de la seconde édition, — un peu augmentée et très peu corrigée, — du projet de caisse de prévoyance que vient de publier l'auteur, et qui ne vaut guère mieux après qu'avant correction. Nous tâcherons néanmoins d'apporter dans notre examen la liberté d'esprit à laquelle nous avons habitué nos lecteurs, tout en ménageant le plus qu'il nous sera possible la fibre irritable de l'ingénieux droguiste-philanthrope.

Le nouveau projet, avons-nous dit, est très peu corrigé ; il l'est un peu cependant, et si M. Dorvault a le sentiment de la reconnaissance aussi développé que l'esprit d'invention philanthropique, il nous décernera assurément une de ces médailles commémoratives qu'il réserve aux mille premiers fondateurs de la Caisse de prévoyance, c'est-à-dire, — car c'est tout un, — aux mille premiers clients qui s'obligeront à prendre leurs fournitures à la maison de droguerie dirigée par M. Dorvault. Voici, en effet, quels sont nos droits à cette médaille :

Dans l'article 7 du projet de statuts publié l'année dernière, M. Dorvault avait glissé un paragraphe ainsi conçu :

« Toutefois, le directeur de la *Pharmacie centrale* » pourra, sur l'avis du conseil, *disposer d'une partie* » *du capital à titre de prêt* (1). Ce prêt sera représenté » dans la caisse spéciale de la Société des retraites, » soit par des bons analogues aux bons du Trésor pu- » blic, à échéance déterminée et portant un intérêt » que le conseil fixera, soit par simples reconnais- » sances, soit par inscriptions hypothécaires sur les » immeubles qui pourront appartenir à la *Pharmacie* » *centrale.* »

Le but de M. Dorvault, en rédigeant cet article, était de rendre solidaires la caisse de la *Pharmacie centrale* et la caisse de prévoyance : « Leur solidarité, disait-il, assurera leur avenir. »

Quant à nous, cette solidarité nous avait effrayé, loin de nous rassurer, et nous avions montré (voir le *Moniteur des Hôpitaux* du 12 décembre 1857) comment une crise commerciale pourrait entraîner la caisse de prévoyance dans la déconfiture de la *Pharmacie centrale.* Nos craintes et notre prudence excitaient alors l'indignation de M. Dorvault, qui, plein de confiance dans la sûreté de ses vues et dans son habileté administrative, ne doutait pas un instant que la *Pharmacie centrale* ne fût au-dessus de toutes les crises et de tous événements.

Il paraît que quelques mois de réflexion l'ont rendu plus modeste, car le droit d'emprunt a disparu des statuts de 1858, où l'art. 7 se borne à dire « que les

---

(1) C'était à titre d'emprunt qu'il fallait dire ; mais notre but n'est pas de nous préoccuper trop de la rédaction de M. Dorvault. C'est déjà bien assez que de tirer à clair la partie économique de son projet.

capitaux de la caisse de retraite seront placés *en rentes sur l'Etat*, en immeubles (1), en obligations de chemins de fer ou autres valeurs sérieuses, selon l'avis du conseil d'administration. »

Voilà donc les fonds de la caisse de retraite plus en sûreté que par le passé; c'est un petit progrès dont nous croyons pouvoir, sans trop de vanité, nous attribuer le mérite, et tel est notre droit à la médaille commémorative que M. Dorvault se propose de distribuer à ceux qui l'auront aidé à mettre en œuvre ses conceptions philanthropiques.

Mais voici où notre mérite va devenir moindre aux yeux de M. Dorvault :

Avec l'ancien projet, on voyait bien que la *Pharmacie centrale* pouvait faire sombrer la caisse des retraites ; mais dans le cas où un bon vent enflerait les voiles de la droguerie, on voyait aussi que leur solidarité pourrait être avantageuse, puisque l'emprunteur — (c'est-à-dire la *Pharmacie centrale*), — s'obligeait à payer au prêteur—(la caisse des retraites)—« *un intérêt toujours supérieur au taux des valeurs sur l'Etat.* » (Voy. ancien projet, p. 8, note 2 de la 2e colonne.)

Ce système pouvait être dangereux, mauvais par conséquent, et il l'était en effet ; mais il justifiait l'idée qu'avait eue M. Dorvault de *greffer* la caisse de prévoyance sur sa maison de commerce.

Aujourd'hui, avec le nouveau système, où est la raison d'une pareille *greffe?* à quoi se bornera l'office du double directeur de la *Pharmacie centrale* et de la Caisse des retraites ? A prendre de l'argent dans cette dernière caisse pour aller acheter des rentes, des obligations de

---

(1) *Placer en immeubles* nous paraît d'un français assez mauvais ; mais notre but n'est pas d'étudier la rédaction de M. Dorvault.

chemin de fer, etc. L'ineptie même attribuée, à tort ou à raison, par M. Dorvault, àcertains pharmaciens, ne saurait justifier un pareil office. En admettant qu'il existe, ce qui ne saurait être, en tous cas, que la très minime exception, en France des pharmaciens qui ne sachent pas comment s'y prendre pour acheter 5 francs de rente sur l'Etat, ou comment on porte de l'argent à la caisse d'épargne, il se trouvera toujours dans leur entourage un parent ou un ami qui leur rendra ce service, et qui les dispensera de recourir au dévouement philanthropique et confraternel du directeur de la *Pharmacie centrale*. Ce dévouement est vraiment superflu... superflu pour les pharmaciens, mais non pas pour les intérêts de la *Pharmacie centrale*, et voici comme :

Dans le nouveau projet, — très peu modifié, ainsi que nous l'avons dit, — se trouvent conservés quelques mots qui n'ont l'air de rien, semés parmi les autres, mais qui nous avaient fort offusqué dans le projet primitif :

« Le capital de la caisse de retraites, » — disait l'article 4 de l'ancien projet et dit encore le même article du projet nouveau, — « sera formé *obligatoirement* :

» 1° D'un premier versement d'entrée de 20 fr. au moins ;

» 2° D'un versement annuel, également *minimum*, de 20 fr. *dont moitié au moins*, si le sociétaire est pharmacien exerçant, DEVRA *provenir d'escomptes de fournitures faites par la Pharmacie centrale.* »

Nous ne savons si les pharmaciens incapables de porter leurs économies à la caisse d'épargne seront capables de comprendre la portée de l'obligation qui leur est imposée par ce paragraphe. Quant à nous, nous ne la comprenons que trop. Elle signifie, ainsi que nous l'avons déjà dit il y a un an, que tout pharmacien qui aura une fois opéré des versements dans la Caisse des retraites sera, pendant dix ou quinze ans, en moyenne, client *forcé* de la ***Pharmacie centrale***, sous peine de perdre le montant des versements déjà faits, et obligé, en cette qualité, d'accepter toutes les augmentations de prix qu'il pourrait plaire à la maison de droguerie de faire subir à ses produits.

M. Dorvault, nous en avons la conviction, porte trop loin l'amour de ses confrères pour abuser jamais de la confiance qu'ils auront eue en lui, mais l'habile directeur de la ***Pharmacie centrale*** n'espère pas sans doute que sa maison et son projet doivent mourir avec lui ; et, s'ils lui survivent, qui peut répondre du *successeur* de M. Dorvault ? Quand on fonde des institutions, il faut voir les principes, et non les personnes ; or, les principes sont ici on ne peut plus contraires aux intérêts de ceux qu'on semble vouloir protéger.

Et, comme si l'obligation précédente n'était pas assez onéreuse pour les clients de la ***Pharmacie centrale*,** les statuts nouveaux disent, de même que les anciens, à l'art. 5 : « Il est bien entendu que ces avantages, » — il s'agit des escomptes qui se font dans toutes les maisons de droguerie, — « seront faits pour les affaires *ordinaires*, et non pour celles faites dans des conditions exceptionnelles. » — C'est-à-dire, probablement, que les escomptes, — et par conséquent les retenues, qui doivent former la moitié des versements, ne se feront que sur les ventes *avantageuses* pour la ***Pharmacie centrale***, c'est-à-dire faites à un prix confortable.

Ainsi comprise, — et comment la comprendre différemment ? — cette clause explique très bien l'art. 18 des nouveaux statuts, — article qui n'existait pas dans les statuts anciens, — et qu'un sentiment élevé de désintéressement a inspiré à M. Dorvault :

Art. 18 (nouveau). « Chaque sociétaire fondateur de la caisse de prévoyance »— (seront fondateurs les mille premiers souscripteurs) — « aura droit, cinq ans après sa fondation, à une médaille commémorative. »

M. Dorvault ne dit pas clairement qui payera cette médaille; mais sa générosité, bien connue par ses écrits, ne permet pas de douter que ce ne doive être lui ou tout au moins la *Pharmacie centrale.* Nous croyons d'ailleurs que cette générosité ne sera pas mise à une trop rude épreuve (la médaille fût-elle en or), pour peu que la *Pharmacie centrale* sache user convenablement du privilége que lui donnent l'article 4 et l'article 5 réunis touchant les ventes *ordinaires;* grâce à ce privilége, il est probable que les clients de la *Pharmacie centrale* auront payé la médaille avant de la recevoir.

Nous n'avons examiné dans les lignes qui précèdent que les points capitaux du nouveau projet mis au jour par M. Dorvault. Si nous voulions entrer dans les détails, nous aurions à reproduire toutes les raisons que nous avons exposées il y a un an dans les trois articles consacrés à l'examen du projet primitif, dont le nouveau ne diffère que par des clauses accessoires ; or, nos répétitions seraient doublement inutiles ; d'abord parce que nous espérons que nos lecteurs n'ont pas entièrement perdu le souvenir de nos articles ; en second lieu, parce que ceux qui les auraient oubliés ou qui n'en auraient pas eu connaissance les trouveront réunis dans une petite brochure qui sera prochainement mise en vente au bureau du journal. Nous n'ajouterons donc aujourd'hui que deux remarques nouvelles à celles que nous avons déjà présentées : elles auront pour objet les calculs dont M. Dorvault a enrichi la nouvelle édition de son projet, et la légalité de ce projet lui-même.

On se rappelle (voir *Moniteur des Hôpitaux* du 9 février 1858) qu'en calculant l'avenir des sociétaires de la Caisse de prévoyance d'après les versements réglementaires de 20 fr. par an, plus la mise d'entrée de 20 fr. une fois donnés, nous étions arrivés à ce résultat que chaque pharmacien aurait droit, *au bout de dix ans*, à une pension de DIX-HUIT fr. 15 c. par an ! Nous nous trompons : il faut encore retrancher de cette grasse retraite l'impôt de la *Caisse de secours*, qui s'élève à 91 centimes ; il resterait donc aux bienheureux sociétaires une retraite de 17 fr. 24 c. !

Ces calculs n'ont pas répondu aux aspirations philanthropiques de M. Dorvault, et cela se conçoit sans peine : 17 fr. 24 c. de rente, il n'y a pas là de quoi satisfaire l'appétit de ces pharmaciens pour qui, suivant M. Dorvault, « 20 *francs ne sont pas même le coût d'un bon dîner.* » Aussi, l'habile pharmacien-droguiste a-t-il supposé, dans ses calculs nouveaux, que les sociétaires de la Caisse de retraites à qui on ne demande que 20 fr. par an, verseraient spontanément cinq fois cette somme, c'est-à-dire *cent* francs.

M. Dorvault suppose encore que, sur cent souscripteurs, il y en aura deux par an qui mourront — (supposition d'autant moins charitable pour ses confrères, qu'elle n'est nullement conforme aux lois de la mortalité), — et deux autres qui renonceront aux avantages de l'institution et lui abandonneront les versements déjà faits — (supposition qui n'a rien de flatteur pour l'invention de M. Dorvault) ; grâce à ces suppositions, et à quelques autres, ce profond calculateur arrive à établir que, sur 100 sociétaires qui auront souscrit 100 fr. par an pendant 10 ans, 72 auront 85 fr. de rente en l'an 1869, et que 10 auront 149 fr. de rente en l'an... 1900 !... Oui vraiment, 1900 !!!... Voyez plutôt la page 12 du nouveau projet.

Heureux an 1900 ! où, grâce à la conception féconde de M. Dorvault, dix pharmaciens qui auront échappé *pendant quarante-deux ans* à la faux du temps, à la chute des tuiles et à l'explosion des cornues, pourront enfin jouir, le reste de leur vie durant, d'une rente annuelle de 149 fr., qui, pour peu qu'ils vivent encore quelques années, pourra même s'élever jusqu'à 250 fr.! M. Dorvault n'a-t-il pas raison de s'écrier, en présence d'un pareil résultat, que la Caisse de secours, conséquence de la Caisse de prévoyance, *viendra en aide aux déshérités de la profession, d'une manière* GRANDE *et* DURABLE! Comment admettre que les charmes d'une pareille perspective ne séduisent pas d'emblée tous les pharmaciens de France et d'ailleurs? Comment comprendre que, depuis plus d'un an que la souscription est ouverte, on ne compte pas encore 1,000 souscripteurs, et qu'on ait été obligé d'ajouter aux séductions d'une rente de 149 fr, celle d'une médaille commémorative?

Pour notre compte, nous ne le comprenons pas, à moins que les pharmaciens ne soient plus ineptes encore que ne l'a supposé M. Dorvault, et qu'ils ne conspirent contre leur propre bonheur... ce que, pour notre compte, nous ne saurions admettre, ou à moins qu'ils n'éprouvent quelque scrupule à jouir d'une opulence dont l'acquisition ne leur semble peut-être pas parfaitement conforme aux vœux de la loi.

Sous le rapport de la légalité, en effet, le projet de M. Dorvault offre bien quelques petites imperfections sur lesquelles il sera sans doute lui-même bien aise d'être édifié.

Quand nous disons *projet*, c'est nous qui appelons ainsi la conception de l'honorable pharmacophile; quant à lui, si, dans quelques passages obscurs des statuts, il semble sentir que c'est en effet là un projet qui a besoin de la sanction du gouvernement, partout ailleurs il parle et agit comme s'il suffisait d'un décret signé Dorvault et adopté par une assemblée générale composée on ne sait de qui, pour donner l'existence à une institution qui, dans la forme du moins, a la prétention d'être une institution de bienfaisance. Or, les institutions de la nature de celle dont il s'agit dans le projet de M. Dorvault ne sont autres que des sociétés de *secours mutuels*, ainsi dénommées par la loi qui en a régularisé l'organisation, et, comme telles, soumises à toutes les formalités imposées par cette loi.

Lors donc que M. Dorvault commence d'abord par solliciter les souscriptions, ensuite par poser les conditions auxquelles se soumettent les sociétaires; qu'il continue en fixant les attributions et la nomination du directeur, etc., etc., et qu'il finit, dans le dernier article seulement, par déclarer que « le directeur est autorisé à accepter toutes les modifications que l'autorité supérieure pourrait demander (1), » l'honorable directeur met, comme on dit, la charrue devant les bœufs, et termine par où il aurait dû commencer. Mieux que personne il devrait savoir que la première démarche à faire, — et non pas la dernière, — c'est de faire agréer les statuts à l'autorité et d'obtenir son autorisation; mieux que personne il devrait savoir que, jusqu'à ce que cette autorisation soit donnée, il n'y a pas de société, et que, par conséquent, tout acte qui suppose l'existence de la société, partant toute souscription, est radicalement nul.

Pour le moment donc, si la Caisse de prévoyance a réellement des souscripteurs, — et il est évident qu'elle en a, puisque M. Dorvault l'affirme, — l'honorable directeur doit les informer que leurs souscriptions ne sont que conditionnelles, et qu'ils peuvent

---

(1) L'article 42 et dernier est ainsi conçu :

« Le directeur et le conseil de surveillance de la Pharmacie centrale ont tous pouvoirs pour arriver à l'exécution
» des présents statuts, ainsi que de ceux de la Caisse de se-
» cours, et pour accepter toutes les modifications que l'au-
» torité supérieure pourrait demander. »

toujours en reprendre le montant, jusqu'à ce que la Société ait une existence légale. Il n'est pas, d'ailleurs, difficile de prévoir que l'autorité n'acceptera, ni pour le fond ni pour la forme, les statuts tels que les a rédigés M. Dorvault. Comme forme, l'administration demande un peu plus de clarté qu'il n'en règne dans les statuts de la *Caisse de prévoyance des pharmaciens de France*, et, comme fond, elle ne tolérera pas plusieurs des conditions que M. Dorvault veut imposer aux souscripteurs.

L'administration, d'abord, ne tolérera pas cette première condition, que la moitié du versement annuel *devra provenir d'escomptes de fournitures* faites par la Pharmacie centrale. M. Dorvault dit, dans l'art. 41 des statuts, que « la *Caisse de prévoyance* n'est point une société de *commerce* ni de *spéculation;* » l'autorité et la loi l'entendent bien ainsi; mais elles entendent, en outre, que les sociétés de bienfaisance ne servent pas d'auxiliaire à une maison de commerce, ce qui aurait lieu, évidemment, dans le cas où, pour être sociétaire, il faudrait acheter des marchandises dans la maison de droguerie de M. Dorvault.

L'administration ne tolérera pas davantage que M. le directeur de la Caisse de prévoyance se nomme luimême, par la raison qu'il y a, dans la loi sur les sociétés de secours mutuels (voir le *Moniteur des Hôpitaux* du 21 septembre 1858, où cette loi se trouve textuellement), un certain article 3 ainsi conçu : « Le président de chaque société sera nommé par l'Empereur. »

Nous croyons même pouvoir prédire que l'autorité ne nommera jamais président d'une société de secours mutuels le gérant d'une maison de commerce, à qui un pareil titre pourrait être utile pour ses affaires commerciales; qu'elle ne nommera point, par conséquent,

M. Dorvault, à moins qu'il ne donne préalablement sa démission de gérant d'une maison de droguerie.

Il y a bien autre chose encore, dans les statuts, que l'autorité n'adoptera certainement pas; mais ce qui précède suffit pour montrer que non-seulement l'institution imaginée par M. Dorvault n'est encore qu'un projet *qui n'a pu engager personne*, et de plus, un projet qui ne peut être adopté par l'autorité dans les conditions les plus essentielles qui lui servent de base.

Ce dernier article valut au rédacteur en chef du *Moniteur des Hôpitaux*, beaucoup plus de témoignages de sympathie et plus de remerciements encore que les trois premiers. Parmi les nombreuses lettres qu'il reçut, il en est une qui lui parut mettre le doigt sur la plaie capitale, sinon unique, de la pharmacie de nos jours, et pour cette raison, la lettre dont il s'agit fut publiée dans le *Moniteur des Hôpitaux*. Nous croyons, pour la même raison, devoir la reproduire ici, persuadé qu'elle aura la plus heureuse influence sur l'avenir des pharmaciens qui prendront la peine de la méditer.

Lettre sur l'état actuel de la Pharmacie en France.

(Publiée dans le *Moniteur des Hôpitaux* du 8 janvier 1859.)

A monsieur le rédacteur en chef du *Moniteur des Hôpitaux*.

Monsieur le rédacteur,

Le nouvel et excellent article que vous venez de publier sur le projet de Caisse de prévoyance imaginé par l'honorable directeur de la *Pharmacie centrale*, a reporté mes souvenirs sur les articles non moins importants que vous avez publiés l'année dernière sur le même sujet.

Aujourd'hui, comme il y a un an, j'ai applaudi à la solidité des arguments que vous avez opposés à une conception malheureuse et pauvrement élaborée, percée à jour par votre discussion ; aujourd'hui, comme il y a un an, j'ai admiré l'enchaînement logique et le caractère net et pratique des idées que vous avez émises dans le cours de ce débat.

Parfaitement convaincu, quant à moi, que vous seul, dans la presse médicale et pharmaceutique, avez pris dans cette occasion la défense des intérêts bien compris des pharmaciens, j'ai pris la résolution de vous écrire cette lettre, non pas pour vous adresser les félicitations qui précèdent, lesquelles émanant d'un homme complétement inconnu, n'auront sans doute pour vous qu'un bien faible prix, mais pour vous communiquer quelques réflexions, que vous ne refuserez pas, si vous les trouvez bonnes, d'insérer dans votre journal.

Je me propose dans cette note de traiter avec quelques développements un point que vous n'avez fait qu'effleurer (1) dans un de vos articles de l'année dernière, et sur lequel vous me paraissez d'ailleurs avoir porté un jugement parfaitement vrai. Mais il ne suffit pas toujours d'énoncer le vrai pour qu'il soit bien compris ; il faut souvent le démontrer, afin que personne ne puisse plus le méconnaître ou le contester, et c'est là ce que j'ai essayé de faire.

Je ne me flatte pas d'exposer mes appréciations avec cette clarté que donne l'habitude d'écrire ; mais, à défaut d'autre mérite, cette note aura du moins l'avantage d'avoir été rédigée par un homme qui a exercé pendant vingt-

---

(1) Notre bienveillant correspondant a parfaitement raison de dire que nous n'avons fait qu'effleurer la question de l'état actuel de la pharmacie ; il aurait pu en dire autant de plusieurs autres. Notre unique but, dans nos articles, ayant été de montrer le véritable caractère d'un projet prétendu philanthropique, nous avons dû glisser sur tout ce qui ne nous conduisait pas directement à ce but. Mais nous serons toujours heureux de voir et d'accueillir les remarques des hommes compétents qui auront traité à fond des points que nous n'avons pu que toucher. (*Note du rédacteur*)

cinq ans la pharmacie en province, et qui, jouissant aujourd'hui d'une modeste indépendance, peut traiter les questions pharmaceutiques, non-seulement avec quelque connaissance de cause, mais encore avec un complet désintéressement, une entière liberté d'esprit.

Mon but principal, je pourrai dire unique, a été de montrer, dans cette note, à mes anciens confrères, la nécessité d'imprimer à la pharmacie une direction essentiellement pratique, dont les détournent de plus en plus, et à leur insu, j'aime à le croire, les vaines déclamations que vous avez si judicieusement combattues.

Si vous pensez, monsieur, que mes remarques puissent avoir quelque utilité, veuillez leur donner de la publicité; dans le cas contraire, considérez-les comme non avenues, car je suis, grâce à Dieu, dépourvu de tout amour-propre d'auteur, et mon unique ambition est de voir mes confrères rester dans la seule voie où ils puissent trouver des avantages, — la voie pratique, — au lieu de courir après des rêveries, des projets imaginaires, renouvelés de la pierre philosophale.

Quoi que vous décidiez, monsieur, touchant ma note, veuillez agréer mes vifs et sincères remerciements pour l'important appui que votre savante et lucide discussion est venue donner à tous les hommes pratiques de la pharmacie.

DROUET,
Ancien pharmacien.

Coup d'œil sur l'état actuel de la Pharmacie.

Depuis un certain nombre d'années, une agitation fiévreuse, fatalement vouée à la stérilité, comme toutes les agitations factices, a été communiquée au corps pharmaceutique.

Comme toujours aussi, les idées émises dans les nombreuses réunions qui ont été provoquées à cette occasion, se sont éloignées de la pratique, pour se jeter dans la voie beaucoup plus nébuleuse et pourtant plus attrayante de l'utopie et de la spéculation.

Si toutes ces réunions n'avaient provoqué que des discours plus ou moins brillants sur les services rendus à la société par les pharmaciens et sur la reconnaissance à laquelle ils ont d'incontestables droits, nous n'aurions pas pris la résolution de rédiger cette note. Malheureusement, il n'en est pas ainsi, et sans se rendre compte de l'état réel de la pharmacie, on y a proposé d'inspiration et voté d'entraînement, des réformes qui ne doivent, qui ne peuvent avoir pour les pharmaciens aucun résultat avantageux.

On a fait plus : afin d'exciter le zèle des tièdes et des indifférents, on a adopté un mot d'ordre que nous avons entendu répéter par tous les congrès professionnels qui se sont succédé depuis quelques années : « *La pharmacie est en détresse!* »

Ce cri d'alarme a produit une partie des effets que les promoteurs de ces agitations en espéraient; il a jeté dans les esprits un sentiment de malaise et d'inquiétude facile à concevoir; il a fait croire à un abaissement de la pharmacie, qui n'a rien de réel; mais quand on a peur du mal, on a déjà le mal de la peur, et pour guérir ce mal, on a dirigé toutes ses espérances, toutes ses aspirations vers un sauveur encore inconnu, mais dont la venue ne pouvait longtemps se faire attendre. C'est là ce qu'on voulait; malheureusement il est arrivé ce qui, *à priori*, pouvait se prévoir : par des déclamations sur un mal physique imaginaire, on a produit un mal moral réel, mais qui peut aller fort loin si l'on n'y met un terme.

Il est donc grandement temps de montrer que la voie, toute fantaisiste, dans laquelle on pousse la pharmacie, est excessivement périlleuse pour ses intérêts, et de prouver, par des chiffres et des citations irréfutables, que notre profession est matériellement entrée dans une ère d'amélioration incontestable, qui deviendra plus fructueuse encore si l'on sait imprimer une direction plus pratique à l'exercice de la pharmacie.

L'une des causes les plus certaines, avons-nous dit, de l'état de malaise dont on se plaint si amèrement depuis dix ou douze ans, réside dans l'agitation que l'on a fomentée et dans le cri d'alarme qui lui a servi de devise.

La pharmacie est en détresse ! entendons-nous répéter de toutes parts.

Mais ne voyez-vous pas, dirons-nous aux instigateurs et aux meneurs de cette agitation déplorable, qu'en jetant à tous les vents ce cri de désespoir, qu'heureusement rien ne justifie, dans un temps où la fortune peut presque tenir lieu de savoir, d'intelligence et de moralité, vous appelez sur la pharmacie une défaveur qui entraîne après elle les conséquences les plus fâcheuses, et dont elle se relèvera difficilement, la déconsidération de la misère ?

La pharmacie est en détresse !

Mais ne savez-vous pas ou feignez-vous d'ignorer qu'un cri de cette nature, loin d'amener l'union, brise tout lien sérieux de solidarité, qu'elle remplace par l'égoïsme, l'égoïsme féroce ?

La pharmacie est en détresse !

Mais ne voyez-vous pas qu'en poussant de pareilles clameurs, en propageant de pareilles idées, vous éloignez de votre profession toute la jeunesse intelligente, aisée et prévoyante ; et que vous supprimez ainsi tout à la fois l'aide qui vous serait si utile pour la gestion de votre officine et le successeur dont un jour vous aurez besoin ?

La pharmacie est en détresse !

Mais ne comprenez-vous pas que vous avez été les promoteurs de ces officines nouvelles, vouées pour la plupart à un état des plus précaires? Et, de fait, lorsque vous annoncez la décadence fatale de la pharmacie, n'est-ce pas livrer au plus grand des hasards la chance de trouver un homme assez osé pour risquer sa fortune dans une acquisition qu'on lui présente comme si périlleuse?

La pharmacie est en détresse!

Et, pour venir à son secours, vous invoquez l'appui des pouvoirs publics. Si vous voulez être écoutés, prouvez que vous êtes forts, et, au lieu de solliciter une protection qui depuis cinquante ans vous fait toujours défaut, cherchez dans votre initiative individuelle les moyens d'annuler la concurrence des autres professions. Vous êtes plus instruits que vos adversaires, pourquoi ne seriez-vous pas plus habiles?

On a donc eu tort, nous ne pouvons trop le redire, de jeter nos confrères dans ces agitations stériles; on a eu tort surtout de répéter avec tant de persistance ce mot de désespoir, précurseur inévitable d'un sauve-qui-peut général. Ce qui démontre bien d'ailleurs le peu d'avantages que la pharmacie doit attendre de tous les congrès que nous avons vus fonctionner depuis quelque temps, c'est que tous, prenant pour sujet de leurs discussions les mirages décevants de la théorie, dédaignant les applications pratiques, ont presque absolument fermé les yeux à la lumière, à ce point que, préoccupés de l'idée d'un malaise plus fictif que réel, plus futur que présent, les quelques membres convaincus qui les composaient n'ont pas vu que le danger pour la pharmacie était précisément tout entier dans la direction imprimée aux officines et dans les tendances de moins en moins commerciales de leurs possesseurs.

Notre but, dans cette appréciation de la pharmacie actuelle, est donc tout tracé : montrer qu'il n'existe aucune cause *extérieure* à laquelle on puisse justement attribuer le malaise dont la pharmacie se plaint; —

prouver que ce malaise n'a pas pris des proportions qui demandent des remèdes héroïques, puisque des chiffres irréfutables établissent que la pharmacie se trouve aujourd'hui dans des conditions au moins aussi avantageuses qu'il y a trente ans; — faire voir que si le pharmacien trouve dans les professions voisines des concurrents redoutables pour la vente de certains produits, il n'a rien fait pour leur empêcher de prendre une importance qu'elles étaient loin d'avoir autrefois, et qu'il est temps qu'une administration plus commerciale de la pharmacie répare le mal qui a été produit par une insouciance coupable; rappeler enfin que, comme toutes les professions libérales, la pharmacie n'a jamais conduit à la fortune, mais seulement à une honorable aisance, et qu'il en est aujourd'hui de son exercice comme il y a cinquante ans, rien de plus, rien de moins.

La thèse que nous allons soutenir pourra ne pas satisfaire les idéologues; mais nous écrivons pour des praticiens, et nous espérons que, parfaitement convaincus les uns et les autres de la sincérité de nos intentions, ils liront avec indulgence des observations qui ne nous sont inspirées que par notre dévouement à une profession qui nous a fait le peu, le très peu que nous sommes.

Énumérons d'abord les causes auxquelles on attribue généralement la détresse de notre profession.

En première ligne se placent la concurrence des professions voisines et des établissements religieux; la multiplication irréfléchie des officines;

Au second rang, l'étendue croissante de la spécialité; le peu d'importance des prescriptions médicales, et, dans un avenir prochain, la création de nombreuses sociétés de secours mutuels.

Nous ne pensons pas avoir oublié aucune des raisons principales qui ont été données dans les réunions dont nous avons parlé comme cause de la détresse de la pharmacie ; nous allons faire voir ce qu'elles ont de fondé.

La concurrence faite à la pharmacie, — en tant que pharmacie pure, — par les professions voisines et les établissements religieux, a-t-elle pris un développement plus considérable qu'autrefois? Pourvu qu'on y mette un peu de franchise et qu'on y réfléchisse sérieusement, il est facile de se convaincre que c'est le contraire qui est vrai. Nous le prouvons par une seule observation : jamais la pharmacie n'a été plus sévère gardienne de ses droits que depuis quelques années ; jamais les accusations contre les empiétements des professions voisines n'ont été plus énergiquement formulées, et pourtant jamais, depuis la fondation des sociétés de prévoyance, qui se sont donné la mission de réprimer les abus, les poursuites n'ont été moins nombreuses. Serait-ce que le zèle des commissaires se serait refroidi? Il suffit de connaître quelques-uns d'entre eux pour savoir qu'il n'en est rien, et, d'ailleurs, leur dévouement est tenu en éveil par les plaintes incessantes et les récriminations de leurs confrères. D'autre part, nous savons tous, qu'à l'exception de quelques villes, dans lesquelles les établissements religieux persistent, au mépris des lois existantes, à faire une concurrence ruineuse à la pharmacie, concurrence bien antérieure, pour la plupart d'entre elles, à la génération pharmaceutique actuelle, cette concurrence n'existe pas. Mais si les faits démontrent que la vente par les professions voisines des produits pharmaceutiques purs a considérablement diminué, il n'en est plus de même, nous nous empressons de le reconnaître, pour tout ce qui peut être considéré comme médication d'agrément, et qui ne tombe pas sous le coup de la loi. Ici, en effet, la concurrence est désastreuse, mais à qui la faute?

Voilà ce qu'il faut se demander en toute humilité.

Nous sommes obligé de réclamer l'indulgence de nos confrères pour les vérités que nous allons leur faire entendre : nous les prions de ne pas oublier, en nous lisant, que c'est leur intérêt qui nous commande de leur dessiller les yeux.

Le pharmacien praticien ne doit jamais oublier, — c'est notre conviction profonde, — qu'il appartient à une profession de laquelle sont sortis des hommes qui comptent parmi les plus illustres dans les sciences physiques, chimiques, et naturelles ; il doit utiliser ses facultés de manière à tenir dignement sa place parmi les hommes d'étude et d'intelligence ; il doit, enfin, tenir à honneur de prouver que lui aussi appartient à une profession libérale, et que l'éducation solide qu'il possède lui donne droit à la considération. Mais, à côté de ces légitimes prétentions, qu'il doit s'efforcer de justifier, il existe un côté pratique, commercial, de la pharmacie, qu'il ne doit pas négliger davantage, s'il ne veut compromettre à tout jamais ses intérêts. Or, qui oserait prétendre que cette seconde partie de la profession n'a pas été à peu près abandonnée par nos confrères ? Qui oserait affirmer que ce n'est pas à l'absence absolue de connaissances commerciales, ou tout au moins d'une direction commerciale, qu'il faut attribuer l'échec éprouvé par les pharmaciens dans la lutte qu'ils ont eu à soutenir contre des commerçants consommés ?

Habitués à un bénéfice relativement considérable, quoique souvent insuffisant, vu le peu d'extension de leurs affaires, les pharmaciens n'ont pas toujours su comprendre qu'en diminuant leurs bénéfices sur les objets de grande consommation, ils augmentaient leur vente et arrivaient à un résultat plus avantageux ; cette résistance malheureuse aux tendances, aux nécessités de l'époque, a été la cause de la création d'industries qui n'avaient d'autre raison de se fonder que la mise à la portée de tous d'objets jusqu'alors spécialement vendus par les pharmaciens, mais que l'exagération de leur prix empêchait d'entrer dans la grande consommation.

C'est de cette façon qu'ils ont perdu, ou à peu près, le débit des *pâtes pectorales*, des *sirops* dits d'agrément, des *chocolats*, des *eaux minérales*, des *eaux gazeuses* et d'une infinité d'articles accessoires d'une grande importance.

Elevés en dehors des habitudes commerciales, et même, avouons-le, habitués à considérer le commerce avec quelque dédain, nos confrères n'ont pas su prendre l'initiative de réformes nécessaires ; et, entraînés par la force des choses à suivre leurs concurrents sur leur propre terrain, ils ont été obligés de subir des réductions qui ne pouvaient plus rien sauver, le public ayant pris l'habitude de s'adresser ailleurs.

C'est là, que nos confrères veuillent bien le croire, là cause du malaise ressenti par quelques-uns d'entre eux ; c'est ce défaut d'aptitudes commerciales qui a porté le plus grand préjudice à la profession.

Fort heureusement, le remède est à côté du mal, et si, sans cesser de s'intéresser aux sciences, — dont il doit être, dans un grand nombre de localités, le principal représentant, — le pharmacien veut comprendre que la partie commerciale de la pharmacie mérite aussi qu'il y applique son intelligence, il lui sera facile, sans sortir des limites qui lui sont imposées par la loi, d'augmenter, dans une proportion notable, ses affaires et d'améliorer sa position.

Le résultat que nous ne craignons pas d'annoncer est d'autant plus certain, qu'ainsi que nous l'avons déjà dit, et que nous allons le prouver par les démonstrations qui vont suivre, loin d'être placée dans des conditions plus mauvaises qu'autrefois, la situation du pharmacien s'est plutôt sensiblement améliorée.

Nous avons déjà démontré que la concurrence des professions voisines, en tant que pharmacie pure, n'avait pas augmenté ; prouvons que la multiplication immodérée des officines, qu'on regarde comme une des causes de l'état de la pharmacie, n'est pas plus réelle.

En 1831, la population générale de la France était de 32,560,954 habitants ; à la même époque, le nombre des pharmaciens était de 4,920, soit environ 1 pharmacien pour 6,618 habitants.

En 1841, la population était de 34,230,178 hab. le nombre des pharmaciens, de 5,201 soit environ 1 pharmacien sur 6.581 hab.

En 1849, la population était de 35,540,150 hab. le nombre des pharmaciens. 5,280 soit environ 1 pharmacien sur 6,730 hab.

En 1855, la population était de 35,781,628 hab. le nombre des pharmaciens, de 5,175 soit environ 1 pharmacien sur 6,914 hab.

En 1858, la population est de 36,160,364 hab. le nombre des pharmaciens, de 5,546 soit environ 1 pharmacien sur 6,520 hab.

Ces chiffres prouvent deux choses importantes : la première, que le nombre des officines, loin d'augmenter dans une proportion immodérée, n'avait même pas, de 1851 à 1854, suivi la progression de la population ; la seconde, c'est que nous avons raison d'accuser l'agitation maladive imprimée à la pharmacie depuis bientôt dix ans, des nouvelles créations qui ont eu lieu. En effet, c'est seulement depuis 1854 qu'on constate une augmentation notable dans le nombre des pharmaciens, qui ne sont d'ailleurs pas sensiblement plus nombreux qu'en 1841.

La seconde plainte des déclamateurs n'est donc pas plus fondée que la première. Voyons si le reproche qu'ils adressent à la spécialité est plus mérité.

Appliquée à toute autre profession que la pharmacie, c'est-à-dire à une profession purement commerciale, où l'excitation du désir de l'acheteur est possible ; où ce qu'on nomme communément *faire l'article* est praticable ; où l'on peut, en un mot, diriger, suivant l'habileté plus ou moins grande du vendeur, le choix de l'acheteur sur un objet plus ou moins avantageux, nous comprendrions les inconvénients de la spécialité, qui, en spécifiant la vente, pourrait porter un préjudice à la profession par la limitation forcée, quoique toujours raisonnable des bénéfices.

Mais ce qui serait un danger pour le commerçant nous semble devenir, au contraire, un puissant auxiliaire pour le pharmacien. Ce que celui-ci ne peut faire, le spécialiste le fait pour lui, en allant trouver le client à domicile, en forçant la vente par l'espoir du soulagement qu'il fait entrevoir ; ajoutons qu'avec la concurrence des professions voisines, sans la spécialité, qui a substitué aux pâtes pharmaceutiques et aux sirops dits adoucissants ses préparations, les traitements si multipliés des rhumes, des irritations de poitrine, et de toutes les indispositions peu graves, pour lesquelles on invoque rarement les conseils du médecin, échapperaient complétement à la pharmacie.

La spécialité, loin de nuire à la profession, lui a donc été matériellement utile. Faut-il croire, ainsi qu'on l'en accuse, qu'elle a abaissé le niveau moral de la pharmacie ? Il nous suffira, pour faire justice de cette accusation, de rappeler que tous les praticiens dont la pharmacie s'honore ont fait leur fortune par la spécialité ; et, pour ne blesser personne, en citant des hommes encore existants, nous dirons que Charras a dû ses richesses à la vente d'un sucre orangé purgatif, et que l'illustre Lémery, quoiqu'il eût divulgué, dit son biographe, les secrets de la chimie, s'en était réservé quelques-uns ; par exemple, un émétique fort doux et plus sûr que l'ordinaire, et un opiat mésentérique. Il s'était même contenté, ajoute le même auteur, de rendre plusieurs opérations plus faciles, sans révéler le dernier degré de facilité qu'il y connaissait. Et pourtant personne, que nous sachions, n'accusera Lémery et Charras d'avoir abaissé le niveau moral de leur profession.

Devons-nous accorder une plus sérieuse importance au reproche chaque jour adressé à l'insuffisance des prescriptions médicales? Il suffira, pour démontrer l'erreur dans laquelle on est encore tombé à ce sujet, de rappeler que, de 1820 à 1830, Broussais posait les bases de la médecine physiologique, et que l'influence de son école s'est fait largement sentir pendant les dix ou douze premières années du gouvernement de juillet; il suffira de rappeler qu'à peu près à la même époque se créait la *méthode* expectante, véritable réaction contre le système de Broussais ; qui surveillait les efforts de la nature, en lui venant bien rarement en aide : qu'enfin, depuis vingt ans, la parole brillante de M. Trousseau a ramené la génération médicale actuelle , vers les études thérapeutiques sérieuses.

Avec un peu de bonne volonté et un peu de mémoire, on conviendra donc que, si on n'est plus au beau temps de la polypharmacie, des prescriptions thérapeutiques sagement raisonnées ont du moins remplacé l'abstention absolue de l'école expectante et les saignées répétées de la médecine physiologique.

On reconnaîtra aussi que les soins médicaux sont aujourd'hui réclamés beaucoup plus souvent qu'autrefois, et que la vente des médicaments qu'ils ont provoquée est venue heureusement remplacer celle des produits que nos confrères ont perdus par leur faute.

Il s'est même produit quelque chose de très avantageux pour la pharmacie, et qui prouve bien les tendances de la médecine actuelle : abandonné depuis plus de vingt ans, le cours de pharmacie a été rétabli depuis peu d'années à la Faculté de médecine de Paris; et il y a tout lieu de supposer que les connaissances techniques qu'il donnera aux élèves ne seront pas sans influence sur les prescriptions qu'ils seront appelés à faire dans leur pratique.

Reste donc, comme dernier argument des jérémies que nous critiquons, l'établissement de nombreuses sociétés de secours mutuels, qui devront, dit-on, avoir sur l'avenir de la pharmacie les conséquences les plus fâcheuses. . . . .

Nous allions discuter cette question lorsque nous nous sommes souvenus des démarches entreprises par une commission émanant d'un certain nombre de nos confrères auprès de l'autorité. Ces démarches ont pour but l'obtention d'un tarif général applicable à toutes les sociétés de secours mutuels; ne voulant rien dire qui puisse nuire aux efforts de cette commission, nous nous abstiendrons d'examiner cette question, dont les conséquences, nous l'affirmons, étudiées sous leurs véritables aspects, sont loin d'être aussi effrayantes qu'on s'est plu si souvent à nous le répéter.

Si nous ne nous trompons, nous avons répondu à toutes les raisons qui sont chaque jour avancées pour expliquer la prétendue détresse de la pharmacie ; nous croyons même avoir été assez heureux pour prouver que, loin d'être désespéré, l'état de la pharmacie se trouve dans une période d'amélioration notable. Que faut-il donc faire pour mettre un terme au malaise qui tourmente cette profession ?

Il faut, nous ne pouvons trop le répéter, suspendre ces agitations stériles, ces vaines déclamations, qui peuvent bien être utiles à quelques hommes habiles, qui s'en sont faits les apôtres, mais qui nuisent aux intérêts de tous les autres, qui nuisent surtout à ceux dont les sentiments généreux les portent à négliger leurs affaires pour concentrer et user leur intelligence sur des conceptions qui n'ont de sérieux que le mot, qui ne peuvent, par conséquent, que tout compromettre sans remédier à rien.

Il faut que, sans cesser de suivre le plus qu'il lui sera possible les progrès de la science, sans même perdre l'habitude de s'en occuper pratiquement, le pharmacien accorde une sérieuse attention à la partie pratique et commerciale de sa profession.

Il faut surtout cesser de faire entendre ce cri de désespoir : *la pharmacie est en détresse !* qui jette une inquiétude désastreuse dans tous les esprits et entraîne les conséquences les plus déplorables.

Il faut, enfin, se bien pénétrer de cette vérité que si, comme les professions libérales, la pharmacie ne conduit que très-rarement ceux qui l'exercent aux fortunes que donnent quelquefois le commerce et l'industrie, comme les professions libérales aussi, elle ne les expose à aucun risque sérieux, et que de *tout temps* elle ne leur a rendu, en échange d'une vie de dépendance et de responsabilité, qu'une aisance honorée et une juste considération.

Dans la note qu'on vient de lire, nous n'avons pas voulu prouver que l'état de la pharmacie fût aussi prospère qu'on pourrait le désirer ; nous avons voulu établir seulement qu'il n'a pas empiré depuis trente ans, tout au contraire. Nous avons eu l'intention de montrer aussi l'effet désastreux de plaintes exagérées et la nécessité d'imprimer à la gestion des officines une direction plus pratique.

Avons-nous atteint notre but, et notre discussion désintéressée portera-t-elle la conviction dans quelques esprits? c'est ce que l'avenir seul décidera. Ce que nous pouvons dire à nos confrères, en terminant, c'est qu'en suivant la voie que nous venons de tracer, nous sommes parvenu, dans des conditions qui n'avaient rien de particulièrement favorable, à satisfaire une ambition modeste et à assurer le repos de nos vieux jours, d'abord gravement compromis par plusieurs années d'une pratique mal dirigée, commencée sous l'influence des idées que nous combattons aujourd'hui.

5e ARTICLE.

CONCLUSION.

Y a-t-il une conclusion à cette longue discussion et aux détails pleins d'intérêt que notre correspondant, M. Drouet, a consignés dans sa lettre? Nous croyons même qu'il y en a deux, et nous ne saurions trop engager les pharmaciens à les méditer avec toute l'attention dont ils sont capables.

La première, c'est qu'il y a encore au xixe siècle des gens assez osés pour crier au public, par les cent bouches de la renommée, qu'ils ont trouvé un moyen de fabriquer la pierre philosophale ; la seconde, c'est qu'il y a, — ce qui est pour le moins aussi triste, — des gens assez simples pour le croire et pour acheter le procédé de fabrication.

Vivre de ses rentes au bout de dix ans, après avoir économisé et versé 20 fr. par an dans une caisse dite de prévoyance, — mais qui serait plutôt une corne d'abondance, — ne serait-ce pas là avoir trouvé la plus fine de toutes les pierres philosophales, et n'est-ce pas là pourtant le miracle auquel paraissent avoir cru un certain nombre de pharmaciens de France? Espérons qu'après avoir lu les articles qui précèdent, ils renonceront à leurs illusions, et qu'ils s'engageront dans une voie moins ridicule, plus sérieuse et plus pratique, pour acquérir le repos et le bien-être qui doivent être la récompense de tout travail intelligent. Cette voie, le bon sens suffit pour la tracer ; elle ressort d'ailleurs assez nettement de tout ce qui précède pour que nous n'ayons pas à la décrire longuement ici. Il nous suffira de nous résumer pour l'indiquer clairement.

Pour les personnes qui n'ont que de très petites économies à placer, toute caisse de *prévoyance* est inutile ; la caisse d'épargne offre tous les avantages des caisses de prévoyance *avec la sécurité* de plus. La caisse particulière de la *pharmacie centrale* est plus qu'inutile, puisqu'elle offre, en outre, l'inconvénient d'enchaîner le pharmacien-acheteur au droguiste-vendeur, ce qui constitue, dans le commerce, la pire des conditions, ou, si l'on veut, la pire des *chaînes.*

Il n'y a donc pas de caisse de prévoyance à créer ; il n'y a qu'à renoncer aux tentatives regrettables qu'on a faites, et, pour ceux que ces tentatives auraient pu entraîner, à résilier leurs engagements, qui ne sont nullement *légaux.*

Ce qu'il y a à créer là où il n'en existe pas encore, ce sont des caisses de secours. Nous disons *des caisses* et non pas *une caisse* de secours. En voici la raison :

Les caisses de *secours* qui, ainsi que leur nom l'indique, ont pour objet de *secourir* des confrères malheureux, doivent :

1° Être administrées le plus économiquement possible, et gratuitement quant au personnel administrant ;

2° Être administrées par des personnes qui puissent avoir des renseignements directs sur les membres à secourir.

Or, ces deux conditions ne peuvent se rencontrer que dans des sociétés de secours circonscrites à un arrondissement ou à un département au plus. Une société centrale, unique pour toute la France, exigera nécessairement une comptabilité assez considérable, des employés rétribués pour la tenir, une correspondance active. Ce serait autant de frais en pure perte à sous-traire de la caisse, autant de secours de moins à distribuer, le tout pour arriver à faire d'accorder les secours par un comité central, lequel n'a aucune donnée pour juger de l'opportunité desdits secours, si ce ne sont les données que lui auront transmises les comités locaux. Or, si c'est d'après l'avis de ces comités que les secours sont distribués, pourquoi ne pas leur laisser la douce satisfaction de les distribuer eux-mêmes? Pourquoi, quand la province crie, souvent à tort, quelquefois avec raison, à son absorption par la capitale, pourquoi se ferait-elle absorber lorsque son véritable intérêt, et jusqu'à un certain point sa dignité, est de conserver son indépendance d'action, son autonomie? — C'est à la province à voir s'il lui convient de se mettre sous le joug parisien, au moment même où elle s'insurge le plus contre lui. Mais si elle suit notre avis, elle fera des caisses de secours locales, en s'associant, s'il est possible, aux médecins du département; car, pourvu que la société s'administre gratuitement, il y a toujours avantage à ce qu'elle soit la plus nombreuse possible. C'est là la véritable, la meilleure manière de secourir les infortunes professionnelles, lesquelles, d'ailleurs, grâce à Dieu, sont beaucoup moins nombreuses que ne se plaisent à le crier sur les toits les pleureurs, les dépréciateurs intéressés et funestes de la profession.

En résumé, il résulte de tout ce qui précède, pour tout homme intelligent :

1° Que la pharmacie est loin d'être dans un état aussi déplorable qu'on veut bien le dire, et moins bon, par exemple, qu'il y a vingt, quarante ou cinquante ans;

2° Que les cris de détresse poussés par quelques spéculateurs ne peuvent que nuire à sa prospérité;

3° Que cette prospérité s'accroîtra dans des proportions très notables, quand les pharmaciens, sans négliger leur position et leurs obligations scientifiques, com-

prendront et soigneront mieux leurs intérêts commerciaux ;

4° Que le meilleur placement des sommes de 20 fr.,
de 40 ou même de 100 ou 200 fr., est la caisse d'épargne ;

5° Qu'il est injurieux pour un pharmacien de le
croire incapable de faire un bon placement des sommes
plus importantes ;

6° Qu'une caisse dite *de prévoyance* serait, en tout
état de cause, une mauvaise institution, à plus forte
raison celle qui aurait pour effet de placer le *souscrip-
teur-acheteur* à la discrétion d'un *administrateur-ven-
deur ;*

7° Que la création d'une *caisse de secours* est très
désirable, mais à la condition que son action se cir-
conscrira dans une localité assez restreinte pour qu'elle
puisse être administrée sans frais, et que le *secouru*
puisse être connu du *secourant.*

Post-Scriptum.

Le sentiment de la reconnaissance n'est pas assurément ce qui étouffera jamais M. Dorvault. Dans la discussion à laquelle nous nous sommes livré sur son projet, nous avons éclairé ses confrères sur leurs véritables
intérêts, ce qui aurait dû lui être extraordinairement
agréable, vu la sollicitude qu'il a pour ces mêmes confrères ; nous l'avons éclairé lui-même et nous lui avons
donné de sages conseils, ce qui aurait dû lui être plus
agréable encore, car nous ne croyons pas M. Dorvault
assez évangélique pour aimer son prochain tout à fait
comme lui-même ; bien plus, M. Dorvault a profité en
partie de nos conseils, — en quoi il a eu tort, car il au-

rait dû les suivre entièrement ; — et, au lieu de nous en remercier, il nous adresse des injures greffées, — pour employer une métaphore qu'il affectionne, — greffées sur des erreurs plus ou moins involontaires.

Dans une circulaire datée du 15 janvier, et qui nous est parvenue il y a quelques jours seulement, après que nous avions donné le bon à tirer de cet opuscule, l'ingénieux droguiste consacre à la *Caisse générale de prévoyance* un paragraphe où on lit ce qui suit :

« La Caisse de prévoyance est en ce moment l'objet des
» attaques les plus vives. Nous ne répondrons pas à ces
» attaques, où l'on reconnaît trop les intérêts alarmés ou-
» tre mesure *des conséquences que peut avoir pour eux la*
» *réalisation de la nouvelle institution.* Nous prêchons
» l'union, l'association, *nous voulons faire* NOS *affaires*
» *en famille;* mais cela ne convient pas, et tous les
» moyens sont mis en œuvre pour s'y opposer.
» Cette guerre n'est pas nouvelle, car elle date de l'ori-
» gine de la Pharmacie centrale, qu'elle n'a point empêchée
» de prospérer. Espérons qu'il en sera de même de la
» nouvelle institution dont ces DIATRIBES ne feront que
» mieux ressortir l'importance. »

DIATRIBES ! mon cher droguiste ! *intérêts alarmés !* NOS *affaires !* Voyons, voyons, un peu de calme et de raison, et tâchons de bien dessiner nos situations respectives.

J'ai prouvé que votre projet de Caisse de prévoyance était mal conçu, ridicule même ; qu'il était contraire aux intérêts des pharmaciens et de la pharmacie ; qu'il était contraire aussi aux prescriptions de la loi ; j'ai fait tout cela en donnant à vos confrères et à vous-même de bons conseils, dont vous avez profité, ainsi que je vous le prouverai dans un instant ; dont ils ont profité eux-mêmes, si j'en crois ce que vous m'avez dit dans notre dernière entrevue par la bouche de votre conseil ; et vous appelez cela des DIATRIBES ! Mais, mon cher droguiste, cherchez donc dans votre vocabulaire, si vous en avez un, le mot diatribe, et vous verrez qu'il n'a jamais été appliqué et qu'il ne convient en aucune façon à ce que j'ai écrit en faveur de vos confrères, et même en votre faveur.

Intérêts alarmés ! De quels intérêts voulez-vous nous parler, mon cher droguiste? des miens? Et en quoi, s'il vous plaît, la réalisation de votre projet peut-elle les alarmer? J'ai beau me retourner, je ne saurais le voir.

— Voulez-vous parler de ceux de vos concurrents commerciaux? Mais alors, adressez-vous à eux et non à moi, car leurs affaires m'importent peu, et celles du corps pharmaceutique en général sont les seules qui me touchent. Et puis, prenez garde, mon cher droguiste, vous savez que vous n'êtes pas fort sur le raisonnement, et ceci nous conduit bien plus loin que vous ne pensez; suivez un peu celui-ci, si vous le pouvez, et vous allez voir où nous arriverons :

Comment supposez-vous que la réalisation du projet de la Caisse de prévoyance puisse alarmer les intérêts de vos confrères en droguerie?

Est-ce parce que ce projet doit donner le bonheur à tous les pharmaciens?

Oh!... avouez-le franchement, vous ne pensez pas qu'il y ait parmi les droguistes un naturel assez barbare, ou plutôt un cerveau assez malade pour mettre son bonheur dans la misère de tous ses confrères?

Si vous ne croyez pas à une pareille monstruosité, à quoi pensez-vous donc, et que voulez-vous dire?... Vous voulez dire que c'est en *obligeant* les sociétaires de la Caisse de prévoyance à s'approvisionner, toute leur vie durant, à votre maison de droguerie, que le projet de caisse alarme les intérêts de vos concurrents?

— Mais, dans ce cas, mon cher droguiste, vous dites ce que j'ai dit moi-même le premier, ce que j'ai démontré, ce que j'ai eu bien raison de démontrer, puis-

que je n'ai fait que traduire votre véritable pensée, et
qu'on a toujours raison de bien comprendre vos pen-
sées. Seulement, si j'ai eu raison, je crains bien que
vos concurrents n'aient raison à leur tour, s'ils vous
disent que la Caisse de prévoyance servirait moins
les intérêts des pharmaciens que les vôtres, et que si
vous parveniez à traiter avec eux *vos* intérêts en famille, votre famille ressemblerait singulièrement à ces
anciennes familles du moyen âge ou des temps bibli-
ques, dans lesquelles tous les membres travaillaient pour
l'unique profit et l'unique gloire du chef, le chef étant
représenté dans la famille des pharmaciens de France
par le directeur de la *Pharmacie centrale.* — Vous
voyez, mon cher droguiste, combien il est quelquefois utile de savoir raisonner, même pour éviter de
faire des aveux compromettants et pour ne pas laisser
voir clairement ce que l'on s'efforce tant de cacher. On
doit donc quelque reconnaissance à qui nous apprend
à raisonner et nous donne de bons conseils.

Voici maintenant la preuve que nous en avons donné
de tels à M. Dorvault, et que M. Dorvault les a en
partie suivis.

Dans une circulaire datée du 15 mars 1859, M. Dorvault a écrit ce qui suit :

« Ainsi que notre précédente circulaire l'annonçait,
» nous avons envoyé à chaque sociétaire de la Caisse de
» retraite la situation de son compte, arrêté à fin 1858.
» Ceux qui, par oubli (1), ne l'auraient pas reçu, peuvent
» en faire la réclamation.

» L'institution, jusqu'à son approbation par le gouver-
» nement, n'étant que provisoire, ceux qui voudraient

---

(1) Nous comprenons bien qu'on puisse, *par oubli,* ne pas
envoyer quelque chose ; mais ne pas *recevoir, par oubli,* cela
dépasse notre conceptivité. Il n'y a vraiment qu'un inven-
teur de Caisse de prévoyance pour trouver de ces tournures-
là, et même de meilleures.

» s'en retirer sont libres de le faire. Nous ne voulons
» parmi nous nulle contrainte, nulle arrière-pensée, mais
» l'adhésion entière, la conviction intime que l'œuvre
» est utile, avantageuse, confraternelle.

» A l'assemblée générale du 14 août prochain, nous fe-
» rons connaître la décision du gouvernement, les résul-
» tats d'ensemble réalisés, et quelques exemples de con-
» frères qui, ayant de suite pris l'œuvre au sérieux et
» compris son fonctionnement, ont su, avec un verse-
» ment direct, insignifiant, se créer déjà un petit capital,
» exemples plus propres que tous les discours à démon-
» trer ce que l'on pourrait obtenir avec quelque peu d'en-
» tente.

» Il sera aussi dit alors, aux sociétaires qui n'auraient pas
» rempli les conditions des Statuts et qui voudraient res-
» ter, ce qu'ils auront à faire pour cela. Autrement, en
» cas de non-autorisation, les sommes versées seront
» remboursées aux souscripteurs. »

Récapitulons un peu ce qu'il y a dans ces quatre pa-
ragraphes, pour voir ce que M. Dorvault a pris dans
nos conseils et ce qu'il aurait bien fait d'y prendre encore :

1° M. Dorvault déclare que l'association de la Caisse
de prévoyance n'est que provisoire, c'est-à-dire, pour
parler plus clairement, n'est encore qu'un projet. —
C'est fort bien ; mais pourquoi n'avoir pas dit cela plus
tôt ? S'il ne le savait pas avant nos articles, pourquoi
ne pas nous remercier de le lui avoir appris, au lieu de
qualifier de diatribes nos avis désintéressés ?

2° M. Dorvault annonce qu'en cas de non-autorisation
les sommes versées seront restituées aux souscripteurs. — Cela va de soi ; tout le monde sait bien que
l'honorable droguiste n'a pas l'intention de se les ap-
proprier. Mais, au lieu de s'exposer à la nécessité de
faire un remboursement après avoir fait faire un versement, pourquoi ne pas attendre simplement l'autorisation avant de rien demander, et pourquoi commen-

cer à mettre un projet à exécution avant d'être sûr que ce projet sera adopté, c'est-à-dire avant d'avoir le droit de l'exécuter ?

3° Enfin, M. Dorvault, pour justifier sans doute sa manière de procéder, se promet de montrer à la future assemblée générale « des exemples de confrères » qui, avec des versements INSIGNIFIANTS, se sont fait un *petit capital*, c'est-à-dire probablement un capital *insignifiant* aussi. Nous souhaitons que ces exemples séduisent beaucoup de ces pharmaciens *incapables de distinguer un bon d'un mauvais placement;* mais, quelque incapables qu'on les suppose, nous croyons qu'on les aurait séduits bien davantage si on leur avait montré « des exemples de confrères » qui, avec des versements *insignifiants*, se seraient créé un capital très *significatif.*

Tant que M. Dorvault n'aura pas trouvé ce secret, sa Caisse de prévoyance sera toujours très inférieure à la caisse d'épargne, et nous conseillerons toujours à ceux qui n'ont qu'un *très petit* capital, pharmaciens ou non, de s'en tenir à cette dernière.

C'est par ce conseil que nous terminerons.

FIN.

Paris. — Imprimerie de DUBUISSON et C°, rue Coq-Héron, .

LE MONITEUR DES HOPITAUX

LE MOINS CHER DES JOURNAUX DE MÉDECINE

Est le journal des Médecins et des Pharmaciens intelligents, qui aiment l'esprit d'indépendance.

Le MONITEUR DES HOPITAUX, outre un grand nombre de travaux originaux sur toutes les sciences médicales, publie chaque semaine :

1o Un compte rendu et une *appréciation* de la séance de l'Académie de Médecine;
2o Un compte rendu et une *appréciation* de la séance de l'Académie des Sciences;
3o Un *compte-rendu-appréciation* de la Société de Chirurgie;
4o Une Revue *complète* de Pharmacie et des Sciences accessoires;
5o Un feuilleton de critique légère, à l'adresse des Bridoison, des Basile, des Harpagon, des Tartufe et autres lèpres de la profession.

Le MONITEUR DES HOPITAUX est le *seul* journal où soient sérieusement discutées, par des collaborateurs spéciaux, toutes les questions importantes de jurisprudence professionnelle et de médecine légale.

Le MONITEUR DES HOPITAUX paraît trois fois par semaine : le mardi, le jeudi et le samedi.

Prix d'abonnement : **22** fr. par an pour Paris et les départements.

Paris. — Imprimerie de Dubuisson et Cⁱᵉ, rue Coq-Héron, 5.